国家と追悼

「靖国神社か、国立追悼施設か」を超えて

山本浄邦 編著
Yamamoto Joho

社会評論社

国家と追悼　「靖国神社か、国立追悼施設か」を超えて　目次

序章……追悼する国家を問う視点――山本浄邦　9
1　はじめに――小泉首相の靖国参拝と国立追悼施設構想の登場……10
2　〈国家による追悼〉をめぐるこれまでの議論……12
3　本書の構成と目的……17

第1章……【座談会】国立追悼施設論争とは何だったのか？――千葉宣義・菅原龍憲・山本浄邦　25
1　靖国国営化法案反対闘争から……26
2　靖国問題は「信教の自由」の問題なのか……28
3　遺族の一人として……32
4　アジア訴訟が問いかけたもの……34
5　浮上した「新たな国立の追悼施設」……36
6　国立追悼施設に反対する宗教者の運動……39
7　追悼対象としての「新たな戦死者」……42
8　「無宗教」が意味するもの……44
9　国家による「追悼」の空間……46
10　国家は謝罪の主体たり得るのか……50
11　天皇が「心安らかに」参拝できる場所……54

12　追悼儀礼の政治的意味……56
13　死者を意味づけてはならない……60

第2章…〈非宗教／無宗教〉のポリティクス――山本浄邦　65
神道非宗教論と「国立の無宗教の施設」論をめぐって
はじめに……66
1　神社非宗教論と「信教の自由」……67
2　「無宗教の施設」論と「信教の自由」……74
3　日本近代における〈非宗教〉の発見…81
4　戦後日本における〈無宗教〉の発見……85
5　〈非宗教／無宗教〉のポリティクス……95
まとめ……103

第3章…ドイツにおける国家と追悼――米沢薫　109
ノイエ・ヴァッへはドイツの「過去の克復」に何をもたらしたか
はじめに……110
1　ノイエ・ヴァッへ設立の前史――東西ドイツにおける戦死者の追悼の問題……111
(1)西ドイツにおける戦没者の国家儀礼／113

(2) 東ドイツにおける国家追悼の問題／123
2 ノイエ・ヴァッへ設立に至る経緯……126
(1) ドイツ統一による状況の変化／126
(2) ノイエ・ヴァッへ設立の提案／129
(3) ノイエ・ヴァッをめぐる対立の論点／132
(4) 碑文の決定／141
3 ノイエ・ヴァッへの完成……145
(1) ノイエ・ヴァッへの碑文／145
(2) ノイエ・ヴァッへの除幕式／147
4 ノイエ・ヴァッへが提起する問題——むすびにかえて……148
(1) 想起する主体「我々」の分裂／148
(2)「中央追悼記念碑」の唯一性／150
(3) 戦争犠牲者の「共同想起」はいかにして成立するのか／153
第4章…済州・虐殺と追悼　「死者」の再構成という観点——高誠晩　163
1 はじめに——追悼する国家の二重性……164
2 誰が「犠牲者」なのか——「死者」の選別と再構成……170
3「彼／彼女ら」のみのための追悼、「彼／彼女ら」のみの追悼……176

4　おわりに――当事者不在の時代のため、いま何をすべきか……187

終章…国家による追悼　何が問題なのか？――山本浄邦　211
1　国立追悼施設構想、その後……212
2　選別される「史実」と「犠牲者」……214
3　預言者・救済者となる〈国家〉――死者への情念から政治的エートスへ……219
4　追悼の単一性・唯一性を超えて……223
5　「追悼」ではなく情報公開と補償を――まとめにかえて……226

関連資料……230
［資料1］国立追悼施設に反対する宗教者ネットワーク設立宣言／230
［資料2］追悼・平和祈念のための記念碑等施設の在り方を考える懇談会報告書／231
［資料3］政府「追悼・平和祈念懇」報告書に対する緊急声明／240
［資料4］自衛隊のイラク派兵に反対する緊急アピール／243

あとがき……247
執筆者紹介……250

序章……追悼する国家を問う視点

山本浄邦

1　はじめに――小泉首相の靖国参拝と国立追悼施設構想の登場

靖国問題は二十一世紀にいたって、新たな局面を迎えた。自民党総裁選で靖国神社に参拝すると公約して当選し、首相となった小泉純一郎は二〇〇一年四月の就任会見で靖国参拝を表明、内外の反対や懸念の声をよそに靖国参拝を強行、継続した。国内ではこれに対する違憲訴訟が提起され、国外では中韓をはじめとする日本の侵略をうけたアジア諸国のみならず、欧米のメディア★1などからも日本の侵略や戦争を賛美することにつながるという批判があがった。これにより、とりわけ日中・日韓の外交に負の影響を与えたことは周知のとおりである。

そのようななか、政府の側から「新しい国立追悼施設」の建設が語られた。首相に就任した年の八月十三日に小泉は第一回目の靖国神社参拝を強行したが、その際の談話で次のように語った。

「今後の問題として、靖国神社や千鳥ヶ淵戦没者墓苑に対する国民の思いを尊重しつつも、内外の人々がわだかまりなく追悼の誠を捧げるにはどのようにすればよいか、議論をする必要があると私は考えております」。

靖国参拝を終えた小泉が新たな戦没者追悼施設建設検討を示唆する発言を行なったのである。これをうけて福田康夫官房長官の私的諮問機関「追悼・平和祈念のための記念碑等施設の在り方を考える懇談会」（以下、追悼懇という）が同年十二月に発足し、議論を開始した。また、翌二〇〇二年四月には宗教者、弁護士などからなる「新しい国立追悼施設をつくる会」（以下、つくる会）という民間団体が結成され、政府による新施設建設を推進させようとした。さらに、これまで反靖国の立場を掲げてきた人々の一部がこれに賛意を表わした、という事態が生まれたのである。そこではこれまでほとんど靖国問題をめぐる議論で語られてこなかった「新たな戦死者」をどうするのか、という問題が、当時行なわれていた有事法制の整備やイラクへの自衛隊派遣を目前にして提起された、ということも注目される。そこでは必然的に国家暴力、あるいは追悼する〈国家〉そのものの問題が問われざるをえないだろう。

しかしながら、「国立追悼施設に反対する宗教者ネットワーク」結成（二〇〇二年十一月）など国家による追悼の政治を問う動きはあったものの、国立追悼施設をめぐる議論の多くは、国家がその主体となることを前提に、そして、国家が追悼するのは当然であるという前提のもと、何のために「追悼」されなければならないのか（追悼の目的）、あるいはどのように「追悼」するべきなのか（追悼の方法）、という点に焦点が絞られてきた。そのなかには「靖国か、国立追悼施設か」というような単純な選択肢でもってこの問題を思考するというものが多くあった。[2] また、「新たな戦死者」を追悼対象にする／しない、というような問題提起もあった。[3] つまり、国家による追悼を問うときに、〈追悼〉の目的や方法のみが問われ、多くの議論においては〈国家による追悼〉そのものを問うという視

点が極めて希薄であった。★4

本書はこのような議論のありかたそのものに疑問を呈し、戦争をはじめとして国家自身が加害主体となり、それによって多くの死者がうまれた事態における〈国家による追悼〉、あるいは追悼する〈国家〉そのものを問おうとする試みである。

2 〈国家による追悼〉をめぐるこれまでの議論

このような立場での議論としては、すでに高橋哲哉や菱木政晴らの問題提起があった。高橋哲哉は『靖国問題』（ちくま新書、二〇〇五年）のなかで、次のように述べている。

「国立追悼施設は、どれほど明確な反戦・平和の意志と戦争責任認識を刻んでつくられたとしても、それに関与する国の政治が戦争とナショナリズムに向かうものになってしまえば、いつでも容易に「第二の靖国」となり、新たな戦争に国民を動員する役割を果たすようになる★5」。

つまり、「国の政治」の動向によって、国家による追悼が「靖国化」することを指摘しているのである。この高橋の指摘は裏を返せば政治状況によっては理想的な国家による追悼がありえる、ということである。高橋は「新たな国立追悼施設が「第二の靖国」になることを防ぐものは、施設そのものではない。施設は施設にすぎない。問題は政治である」とし、「「国」が、戦争と平和との関連で施設をどのように利用するのか。あるいは利用しないのか、ということなのだ」という。[★6] そして、「国家が「不戦の誓い」を現実化して、戦争に備える軍事力を実質的に廃棄する」[★7] ことが、「靖国化」しない国家による追悼を可能にするという。

菱木政晴は新たな国立追悼施設設置に反対の立場を表明しつつ、次のようにいう。

「現在の状況の中でできそうな「国立追悼施設」の内容は、靖国と変わらない国家神道という宗教だと思われる」[★8]。

菱木は現状においては戦死者顕彰を基調とする国家神道的な「国立追悼施設」が建設される可能性が高く、これを理由の一つとして追悼施設建設に反対しているのである。一方で、追悼施設が顕彰の施設となることで戦争への動員動力になるのと同時に、追悼施設が人権侵害をまねくことについても指摘する。すなわち、

「「国立追悼施設」という名を持った施設へ、国民はこだわりなく訪れるべきだ、あるいは、少なくともそれにこだわるのは「おかしい人」だなどというメッセージを、他者やとりわけ国家機

関などが発することは、私の人格の中核をなす自己決定権の侵害でもある」[9]。

と、追悼施設への訪問、あるいは追悼施設そのものに「こだわり」を持つことに対して否定的なメッセージが発せられることによる人権侵害の問題を指摘する。このように菱木は一方で非戦平和の問題として、他方で人権とりわけ人格権の問題として国家による追悼の問題を考えているのである。その上で、菱木は理想的な国家による追悼がありうるのかについても検討を加え、「靖国の内容とはまったく異なる施設とは、……「謝罪施設」または、反ナチスの精神による強制収容所後《ママ》の「不忘警告碑」のような「靖国天皇制警告碑」である」[10]と結論づける。

本書編者も国家による死者顕彰への警戒などについては全面的に問題意識を共有するものであるが、一方でこれら靖国的な顕彰・賛美型の慰霊・追悼だけを対象とした問題提起によって果たして国家による追悼そのものを問うことができるのか、という疑問が残る。すなわち、高橋の論のように、現状ではいつのことになるか分からない話ではあるが、政治が仮に軍備なき非戦国家を実現したとして、それで国家による追悼の問題が無くなるものなのだろうか。あるいは、菱木のいうように、「靖国の内容とはまったく異なる」ような「謝罪施設」あるいは「警告碑」(今日議論されているような「追悼施設」の範疇として想定できるのかは議論の余地があるが)であれば、問題がクリアできるのであろうか。

菱木は「謝罪」の要素を盛り込んだドイツの国立戦没者追悼施設であるノイエ・ヴァッヘに言及し、

「万一こういう施設が企画されたら、私は、大いに賛成しないまでも、反対はしないだろう」[★11]という。しかし一方でその「謝罪」の主体が「国家」であることについては「再び無謬の国家が出現する」として問題視している。現在・将来の武力行使を正当化するという意味で、「謝罪施設」が問題であることに異議はなく、全く菱木のいうとおりである。だが、一方で菱木はノイエ・ヴァッヘにおける施設の形態、「謝罪」の内容、あるいはその対象の問題にみられる政治性の問題[★12]を放置している。「謝罪施設」の問題点は新たに生まれ変わった（とされる）無謬国家による武力行使の正当化だけなのだろうか。

高橋と菱木の論では、基本的に靖国思想の問題点を戦死者顕彰を通じて戦死者を再生産するという機能、いわゆる「戦死者のサイクル」に見ている。つまり軍事的機能に重点をおく見方である。「靖国神社は軍国主義の象徴」という靖国批判もそのような系譜に属するものであろう。確かにそのような問題は最も重要な論点の一つであり、菱木のいうように「英霊を模範とし、それを見習ってあとにつづけ」というのは靖国の「教義」[★13]ともいうべきものではある。自衛隊の海外での活動が常態化する中で、これらの見方のもつ今日的意義を否定するものではない。新たな国立追悼施設のもつ問題点もこのようなコンテクストにおいて十分指摘できる。むしろ、本書では高橋と菱木の議論を基礎としている部分も少なくない。しかしながら一方で、高橋や菱木のような見方に立てば、高橋のいうように非戦・非武装国家の実現によって靖国問題は解決するであろうし、菱木のいうように、戦死者の「あとにつづけ」というメッセージを直接発しないような施設[★14]ならば「大いに賛成しないまでも、反対はしない」という態度をとるのは当然であろうが、「戦死者のサイクル」それ自体が靖国問題の、ひいては〈国家による追悼〉の問題の根幹であるかのような視点に立ったこのような見解が、果たして真っ当なものと言えるのか、はなはだ疑問である。すなわち、〈国家による追悼〉における軍事的機能としての「戦死者のサイクル」はこの問題の重要な一論点ではあっても、その根幹であったりその全体であったりするわけではなく、もちろん矮小化するわけではないが、その一部でしかないのではないか、という疑問があるのである。

　軍事的機能に問題の所在を集中して求めすぎれば、菱木が指摘しているもう一点の問題である「人格権」の問題について見逃されてしまうのではないだろうか。それ以外にも見逃してしまう問題点があるかもしれない。高橋の論については、このことについてほとんど考えた痕跡が見られないように感じる。子安宣邦の「戦う国家とは祀る国家である」[★15]という表現に「付言」して高橋は「祀る国家とは戦う国家」という。[★16]子安がいいたいのは「戦う国家というのは必ず戦死者を祀る」ということだろう。それは全くそのとおりであろう。だが、これに「付言」した高橋のテーゼについては半分は意図するところを理解できないわけではないが、一方で首をかしげたくなる。軍事力をもたない戦わない国家であっても、「祀る国家」はありえる。高橋の論に従えば、敗戦直後の日本軍解散から戦争放棄と平和主義を謳う新憲法の制定を経て警察予備隊発足までの戦後の一時期には「靖国問題」は存在しなかったことになるであろう。もし仮に、政府が憲法九条を遵守しつづけて、日本が完全非武装を貫いていたとしたら、今日、靖国問題はまったく存在しなかったのであろうか？　「戦う国家とは祀る国家」とはいえても、必ずしも「祀る国家とは戦う国家」ではないのではないか。だとすれば、〈国家による追悼〉は軍事的機能をもつ可能性が極めて高いのではあるが、その機能を作動させるもの、あるいは「人格権」を侵害するものがその根本にあり、それこそが〈国家による追悼〉の本質なのではなかろうか。

3　本書の構成と目的

以上をふまえて、本書は、国家が加害者となりながら、その死者を追悼する場合における〈国家による追悼〉およびその主体たる追悼する〈国家〉に焦点をあて、そこに内在する問題を軍事的機能に偏ることなくなるべくトータルに明らかにすることを試みるものである。その目的を達成すべく、本書は次のような内容で構成される。

まず、第1章には、「国立追悼施設論争とは何だったのか?」と題して、二〇一〇年春に京都で行なわれた座談会を収録した。座談会には本書編者である山本浄邦と、真宗遺族会代表で大阪靖国合祀取消訴訟原告の菅原龍憲、日本基督教団牧師として長年靖国問題に取り組んできた千葉宣義が参加した。菅原と千葉は「国立追悼施設に反対する宗教者ネットワーク」の共同代表でもあり、山本はその事務局長としてともに国立追悼施設設置に反対する立場から活動してきた。ここでは、これまでの国立追悼施設をめぐる議論を運動現場における経験にもとづいて運動論的な視点から振り返り、これまでの議論をつうじて明らかになった論点や今後の課題を提示する。

つづく第2章では山本浄邦が「〈非宗教／無宗教〉のポリティクス」と題し、世俗国家を標榜する近代国家の一員として出発した近代日本国家、さらに政教分離を憲法に明記した戦後日本国家の国家的祭祀に関する議論において語られた〈非宗教／無宗教〉が、どのようなコンテクストの中で語られ、また語られるようになったのかを明らかにする。具体的には、近代の「神道非宗教」論と国立追悼施設をめぐる議論で登場した「無宗教の施設」論における〈非宗教／無宗教〉について検討する。そして、これらの概念によりどのようなポリティクスが作動されるのかを考察する。多くの国が世俗国家として政教分離を建前とするなかで、日本では「非宗教」「無宗教」といったレトリックが国家による追悼で用いられる。なぜ強引とも言えるこれらのレトリックが必要なのかを明らかにすることは、近現代国家にとって国家儀礼のもつ政治的意義を考える上で避けて通れない問題なのではなかろうか。

次に、第3章ではフンボルト大学日本文化研究センター（ベルリン）の米沢薫が現代ドイツにおける国家と追悼の問題を先述のノイエ・ヴァッヘをめぐる議論を中心に、戦後ドイツにおける国家と追悼をめぐる議論を整理しつつその問題点を明らかにする。ドイツはナチス政権の崩壊とともに戦後を迎え、東西に政治体制の異なる二つの国家が成立したが、そこでは必然的にナチスをどう評価するのか、そして、現体制とナチスとの関係をどう位置づけるのか、という問題に直面せざるをえなかった。

東ドイツはナチスと闘い、ソ連軍とともにドイツを「解放」した、という抵抗者・解放者の系譜に属する者として自らを位置づけ、反ナチス闘争の死者などに対して顕彰型の追悼を行なってきた。一方の西ドイツではとくに六〇年代以降、ナチスの過去を「克服」することに議論が集中しつつも、自国の兵士を追悼するという追悼のスタイルが継続していた。だが、西ドイツの首都・ボンに六〇年代に新設された施設は国家儀礼を行なうのにふさわしい場所ではなかった。[★17] そのようななか、一九九〇年にドイツが統一され、東ドイツの追悼施設となっていたノイエ・ヴァッヘを統一ドイツの追悼施設として改装したのが現在のノイエ・ヴァッヘである。ここではベルリン在住の米沢がこのノイエ・ヴァッヘをめぐる政治動向や議論を吟味することを通じて国家による追悼に内在する問題に接近しようと試みると同時に、これを乗り越えうる共同追悼の可能性についても言及する。

第4章では、朝鮮に南北の分断国家が成立するのに前後して一九四八年春、済州島《チェジュド》において発生した済州四・三事件における「犠牲者」に対する国家による追悼について、済州島出身で済州四・三研究所特別研究員として被害者の聞き取り調査等を継続している高誠晩《コソンマン》がその問題点に迫る。この事件の概略は、次のようなものである。植民地からの解放期に南朝鮮単独での選挙、そしてその結果としての南朝鮮単独政府樹立による民族分断に反対する左派勢力の蜂起が発生した済州島に右派で単独選挙・単独政府を推進する李承晩《イスンマン》（韓国政府樹立後、初代大統領となる）の指示のもと、軍と警察が済州島に派遣されるのみならず、民間人である西北青年団など右翼集団にも武器をとらせ、左派勢力や外部から来た軍・警察の一方的弾圧に反発する島民、さらには一般民衆までもを武力によって弾圧・虐殺し、多数の死者がでた、という事件である。その被害者への補償や事件の真相解明については長年、「共産暴動」という解釈のもと反共独裁政権下でタブー視され放置されてきたが、軍事独裁政権の崩壊以降、真相究明や被害者の名誉回復、国家補償を求める声が高まり、「過去史清算」を政治課題の一つとして掲げた盧武鉉《ノムヒョン》政権はこの事件を一九八〇年の光州民主化抗争などとともに、糾明・清算すべき「過去史」として「清算」のための事業が開始された。そして、国家「補償」として、国家によってこの事件の「犠牲者」と認定された人々を「追慕」するための施設が建設され、そこで国家による追悼儀礼が行なわれることとなった。高論文では、この済州四・三事件における国家による追悼の問題について、だれを「犠牲者」とし追悼するのか、という「犠牲者」選別過程を中心に考察することを通して、そこに内在する問題点を明らかにする。国家による過去の「清算」「補償」として行なわれたというこの事例の問題点をみることにより、靖国のようなタイプの慰霊・追悼と比べてこれまであまり批判的に検討されることのなかった「清算」や「補償」としての〈国家による追悼〉についてその是非を含めて考える契機となるだろう。

各章の執筆依頼にあたって、編者は「それぞれの事例について、〈国家による追悼〉がもつ問題点を明らかにして欲しい」という旨のみを伝え、その内容に関しては、完成まで特にコメントするなどはあえてしなかった。一九九一年からベルリンに在住する米沢も近年来日した高も日本での国立追悼施設をめぐる議論にはこれまで全くかかわっておらず、メールなどでやりとりしてみるとその内容についてほぼ知らないようであり、論文への影響を懸念して編者も特に説明することはしなかった。また、米沢と高は執筆終了までまったく面識もなければ互いに直接連絡をとりあったこともない。しかし、編者のもとに集まった完成稿を読むと驚くべきことに、第1章の日本の追悼施設をめぐる議論をあつかった座談会と第3章のドイツの事例を紹介した米沢論文、第4章の済州島の事例を扱う高論文において指摘されたそれぞれの問題点が多くの点で重なっていたのである。そのことを、まず各章を直接読むことにより読者諸氏にも確認していただきたい。

本書で取りあげるドイツと済州島の事例は、靖国神社のような「英霊を模範とし、それを見習ってあとにつづけ」という要素よりも、過去を「悲しむ」「反省する」「悼む」といった要素が前面に出ているものである。それでもなお、ドイツの事例の場合は米沢論文で指摘されるように自国の兵士を追悼するという面もあるが、済州島の事例の場合は、その追悼対象のかなりの割合がなすすべも無く一方的に殺されていった非武装の一般民衆である。このような民衆の死に向かい合う時、おそらく菱木のいうような彼/彼女らを「見習ってあとにつづけ」という「教義」が入り込む余地はほぼないであろう。このような少なくとも表面的には靖国とは内容が異なると思われる〈国家による追悼〉の事例について検討することにより、靖国的な顕彰型の慰霊・追悼の問題点を軍事的側面に重きをおいて抽出するだけでは見出すことのできない問題が見えてくるのではないかと考えた。つまり、さまざまなタイプの〈国家による追悼〉の検討を通じ、そこに普遍的に見出すことのできる問題から見えてくるものこそが〈国家による追悼〉の本質というべきものであり、それが発露した一つの機能や結果として「戦死者のサイクル」や「人格権侵害」が考えうるのではないだろうか。本書はこのような接近方法により、戦争をはじめとして国家自身が加害主体となり、それによって多くの死者がうまれた事態における〈国家による追悼〉、あるいは追悼する〈国家〉そのものを問おうとするものである。

次章ではまず、これまでの日本における国立追悼施設論争を振り返り、そのなかで見出された〈国家による追悼〉の問題点について座談会でのやりとりを通じて考えてみたい。

【注】

（1）ドイツの『シュピーゲル』は、小泉はポップスターのごとき人気を誇るが、その政治手法は愛国心と日米同盟を強調する超保守的政治家だとし、歴史教科書問題も紹介した（二〇〇一年八月十三日付）。また、『南ドイツ新聞』は「戦争賛美にはげむ小泉——日本の首相、靖国参拝により古くさい国家主義を鮮明に」との見出しで、靖国神社は「極右の聖地」、「天皇賛美の残滓の中枢」であり、「戦争を戒めるための警告施設とは全く別のもの」と批判した。また、小泉が特攻隊に涙したことを「カミカゼへの賛美」とし、「アジアとの和解は彼には重要でない」とする。また、小泉がヒロシマ・ナガサキに行くのも、靖国神社で戦犯を追悼するのも、日本人にとっては同じことで、自らを犠牲者とみなし、加害者だとはみなさない「集団的で日本的な歴史を直視できない性質」「誤った国家認識」を象徴しているとも伝えた。この記事は一九八五年の中曽根公式参拝や、田中真紀子元外相の参拝反対、日本遺族会にも触れており、欧米の靖国関連の報道としてはかなり詳しいものだといえるだろう（二〇〇一年八月十四日付）。これらの記事のように、欧米での批判は「復古的軍国主義」「戦争賛美」というものであった。

（2）靖国派は新たな追悼施設が靖国の代替施設となることを警戒し、国立追悼施設設置に反対しつつ靖国神社こそが国家的戦死者追悼の場であることを強調した。また、反靖国派の一部は例えば菅原伸郎編『戦争と追悼――靖国問題への提言』（八朔社、二〇〇三年）のように「靖国神社か　千鳥ヶ淵墓苑か　新たな追悼施設か」というような、いずれかを選択することで靖国問題が解決するかのような議論を展開した。

（3）政府の「追悼懇」が戦後のPKOなどでの自衛隊の死者を追悼対象としたのに対して民間の「つくる会」は「新たな戦死者の受け皿としない」という主張を展開した。

（4）このような傾向は戦後の反靖国運動において一貫してみられるものであった。田中伸尚『靖国の戦後史』岩波新書、二〇〇二年、参照。

（5）高橋哲哉『靖国問題』ちくま新書、二〇〇五年、二一九頁。

（6）同前書、二一八頁。

（7）同前書、二二一頁。

（8）菱木政晴「「特定の宗教と結びつかない追悼施設」は可能か――私が「国立追悼施設構想」に賛成できないわけ」、田中伸尚編『国立追悼施設を考える――「国のための死」をくり返さないために』樹花舎、二〇〇三年、一二六―一二七頁。

（9）同前書、一二六頁。

（10）同前書、一三四頁。

（11）同前書、一二九頁。

（12）ドイツでは芸術家なども加わって、より多様な側面からドイツ国家が死者を追悼することに対する議論が行なわれていた。詳しくは米沢薫『記念碑論争――ナチスの過去をめぐる共同想起の闘い〔1988―2006年〕』社会評論社、二〇〇九年、を参照されたい。

（13）菱木政晴『解放の宗教へ』緑風出版、一九九八年、七〇―七三頁。
（14）菱木は最近、ノイエ・ヴァッヘにもそのような顕彰の要素があることを指摘している。高橋哲哉・菱木政晴・森一弘『殉教と殉国と信仰と――死者をたたえるのは誰のためか』白澤社、二〇一〇年、三五―三七頁。
（15）子安宣邦『国家と祭祀――国家神道の現在』青土社、二〇〇四年。
（16）高橋前掲『靖国問題』、二〇五頁。
（17）当初は大学構内に隣接した場所で、その空間は追悼の場というよりも大学生が集会の場として利用したという。一九八〇年に移設された場所も工場や駐車場に囲まれた場所であった。詳しくは、本書の米沢論文を参照。

第1章…［座談会］

国立追悼施設論争とは何だったのか？

千葉宣義
菅原龍憲
山本浄邦

山本浄邦：きょうは、国立追悼施設をめぐる議論をふりかえりつつ、国家と追悼に関する今日的課題について語っていただくということで、宗教者の立場から長年靖国問題に取り組んでこられたお二人においでいただきました。

まず自己紹介も兼ねまして、お二人がどういう経緯で靖国問題に取り組んで来られたのかというお話をいただきたいのですが。まず、千葉さんからお願いします。

1　靖国国営化法案反対闘争から

千葉宣義：私は以前、下関の長府教会におりました。ちょうど「紀元節」問題が浮上したり、靖国国営化の動き[★1]が大きくなり始めた六〇年代半ばの頃です。教会でも、靖国問題についての反対決議をやったりしました。「紀元節」は一九六七年に施行されましたが[★2]、このとき下関で、市民運動みたいなものを組んで、反対運動をやりました。これが、私がこういう運動に関わるきっかけでした。

靖国国営化法案は、六九年の六月三十日、二四一人の議員の提案で国会に上程されています。このとき、全国の反靖国のキリスト者有志が呼びかけ合って、「靖国法案に抗議するキリスト者行動グループ」（一三〇名）という名で、首相官邸前で座り込み行動をやったりしたんです。

この六九年四月には私は京都の同志社大学の仕事に移っていましたが、京都ではそのときすでに、靖国国営化への反対運動が始まっていました。京都では、いろんな教派のキリスト者が「靖国神社問題特別委員会」を立ち上げて、青年たちが中心でしたが、四条河原町などで座り込みの反対運動を行なっていました。日本基督教団では、一九六七年の七月に「靖国神社問題特別委員会」が設置されていました。そういう動きがあったので、私も京都に来てすぐにその会に入って、事務局的な仕事を担いました。

京都の委員会は、ほぼ毎週のように集まって、座り込みやデモをして市民へのアピールに力を注いでいましたが、「法案」の上程後はあらためて「靖国神社問題とはなにか」ということをとらえ直そうと、「靖国徹底追及集会」と題した集会をやったり、一〇人くらいのメンバーで、毎週のように靖国問題を議論するなかで、「遺族会とはなにか」、とか、兵士の年金や遺族年金の問題ですとか、いろいろ調べ直したんです。遺族会については靖国推進派であるわけですが、戦後日本がどれだけ彼らのことを、すなわち戦争に駆り出されて戦死した兵士のことを、戦後の平和運動のなかで心に留めていただろうかと思ったんですね。「遺族厚生連盟」として出発した遺族会の歴史★3を、捉えかえそうとい

(1) 靖国神社を特殊法人として国家の管理に移す靖国神社法案は、一九六九年から七三年にかけて、五回にわたり、自民党から毎年提出され、これに対する反対運動が全国的に取り組まれた。法案はいずれも廃案となったが、最終的に七四年に衆議院で可決、参議院で審議未了のため廃案となった。

(2) 六六年の祝日法「改正」により、二月十一日が「建国記念の日」とされた。

うこともしました。

2　靖国問題は「信教の自由」の問題なのか

千葉：靖国法案は、七四年に五回目の法案が衆院を通過しますが、参院で廃案になります。「慰霊表敬法案」などが話題になったりしましたが、靖国神社の国営化の方向は断念され、いわゆる「公式参拝」問題となっていきます。それでも、京都では靖国問題と天皇制の問題で運動を続けていました。法案が何度も上程を繰り返されたりしているうちに、運動のほうもだんだん小さくなっていきまして、毎年八月十五日あたりに反対のデモをやったりするわけだけれども、十数人くらいしか人が集まらない。警察のほうも、あまり少ないものだから同情したのか、ちょっと人の集まりが良かったりすると、今日は人が多くて良かったですね、なんて（笑）。その後、靖国法案が廃案になり、先に述べたように首相の靖国公式参拝という方向に、靖国問題の焦点は移っていくことになります。[★4]

私たちも、靖国問題というのは天皇問題なんだということで、「靖国徹底追及集会」の場でも、「天皇制を問う」ことをはじめていくことになります。七〇年代に入ったころですが、「靖国の構造」「天皇制を問う」という冊子を作ったりしましたね。大阪でもその頃、桑原重夫[★5]さんたちを中心に天皇制を問う講座というのがはじまっていて、あとで勁草書房から本になって出ていますが、それにも京都から行って参加したりしました。

それで、キリスト教にとっての反靖国という場合、その論理には二つの種類があったと思うんですね。ひとつは、「信仰の闘いとしての反靖国」というもの。つまり、キリスト教の信条に国家神道はそぐわないということで「信教の自由を守れ」と。もうひとつは、単純に「軍国主義反対」をいうもの。で、私たちはそのどちらも不十分だと考えていました。靖国問題は「信教の自由」の問題なのだろうかという疑問です。つまり、一方では「信教の自由」とはどのような問題なのか、どのよう

（3）一九四七年に設立された日本遺族厚生連盟は、当初「遺族の救済と相互扶助、以って戦争を防止し、世界の恒久平和を確立し、全人類の福祉の為に貢献」することを目的として掲げていたが、サンフランシスコ講和条約以降年金問題が補償されることになり、一九五三年に「英霊の顕彰」を掲げた日本遺族会へと改組された。

（4）一九七五年、当時の三木武夫首相が初めて八月十五日に「私人として」靖国神社に参拝。七八年に大平正芳、八〇年に鈴木善幸が八月十五日の参拝を繰り返すが、八五年八月十五日、中曽根康弘が「公式参拝」を明言して靖国神社を参拝。供花料を公費から支出した。これに対しては「靖国公式参拝違憲訴訟」が提起され「違憲の疑いあり」と判示された。

（5）桑原重夫は一九二六年生まれの牧師。日本基督教団の社会委員長などを務める。著書に『天皇制と宗教批判』（社会評論社）ほか。反靖国・反天皇制連続講座の記録は、『天皇制と靖国を問う』『民衆の中の天皇制』『政治・宗教・天皇制』（いずれも勁草書房）。

な闘いを伴うのかが考えられていないし、他方で靖国問題を簡単に「信教の自由」問題だとスローガン化することですませてしまう。また、「軍国主義反対」はたんに古い戦争の時代が復活するので反対ということで、「戦後」は新しくなったのだとして、「戦争国日本」の連続性とそこに加担し続けてきた教会の歴史への反省も落ちてしまう。つまり、問題は靖国問題そのものに即して、批判していかなければならないのではないか、ということです。でなければ、向こう側の論理に迫っていくことはできないと考えました。

千葉宣義

山本：そのあたりの議論が深まっていくのは、中曽根靖国参拝（一九八五年）の頃からですか。

千葉：もう少し前からありましたね。そういう問題意識で、市民とともに細々と運動を続けていたわけです。キリスト教の関係者だけじゃなくて、仏教、とくに東本願寺（真宗大谷派）の方々とも、七〇年頃、「靖国法案」の第一回の上程の直後から、一緒に反対運動をやっていました。七三年の国会上程の頃、京大や同志社の学生たちが、三条京阪で座り込みをしたりしたんです。私

郵 便 は が き

料金受取人払郵便

本郷支店承認

2369

差出有効期間
2011年9月30日
まで

有効期間をすぎた
場合は、50円切手を
貼って下さい。

113 - 0033

(受取人)

東京都文京区本郷2-3-10

社会評論社 行

ご氏名

( ) 歳

ご住所

TEL.

◇購入申込書◇ ■お近くの書店にご注文下さるか、弊社に送付下さい。
本状が到着次第送本致します。

(書名) ¥ ( ) 部

(書名) ¥ ( ) 部

(書名) ¥ ( ) 部

●今回の購入書籍名

●本著をどこで知りましたか

□（　　　　　）書店　□（　　　　　）新聞　□（　　　　　）雑誌

□インターネット　□口コミ　□その他（　　　　　　　　　　）

●この本の感想をお聞かせ下さい

上記のご意見を小社ホームページに掲載してよろしいですか？

□はい　□いいえ　□匿名なら可

●弊社で他に購入された書籍を教えて下さい

●最近読んでおもしろかった本は何ですか

●どんな出版を希望ですか（著者・テーマ）

●ご職業または学校名

はそれをニュースで知って訪ねて行って、そこで話をしたのがきっかけで、一緒に市民講座を作ったりしました。その後、七九年の元号法制化反対行動への取り組みから、天皇制問題を恒常的に考えていく場所を作ろうということで、京都「天皇制を問う」講座実行委員会を出発させ、教会関係者や靖国問題と取り組んできた市民・学生などで、いろんな取り組みをしながら、天皇制を問う講座を、年に四〜五回ほど組んで、いろんな方々と学習してきました。この講座の記録は四冊（B5判で約六〇〜九〇頁）ほど発行してきました。寺田道男さんなんかと一緒にいまも続けています。メンバーは四、五人ですが。

山本：千葉さんは、日本基督教団の牧師というお立場から、さまざまな市民運動とリンクしながら活動されてきたわけですが、もうお一方、浄土真宗本願寺派（西本願寺）僧侶の菅原龍憲さんにおいでいただいています。菅原さんは靖国神社に祀られているお父さんの「合祀取消」訴訟[★6]の原告でもあるわけですが、菅原さんがそういう運動に関わられるようになったきっかけというのは。

（6）二〇〇六年八月十一日に、九名の遺族によって靖国神社の霊璽簿からの親族の削除を求めて国と靖国神社を提訴したいわゆる「靖国合祀イヤです訴訟」。一審は「全面棄却」の判決で、二〇一〇年六月現在控訴審が闘われている。

3　遺族の一人として

菅原龍憲：靖国国家護持法案に対する反対というのは、本願寺教団としても反対をしてきた経緯があります。でもその当時、私にとってそれは関心事ではありましたが、直接に関わるということにはならなかったんですね。むしろ、七〇年代後半に相次いで首相が靖国参拝を行なうという状況のなかで、私自身徐々に靖国問題というものを強く意識しはじめたと思います。

キリスト教に比べると少し遅いのですが、真宗遺族会★7という組織が、八六年に発足しております。きっかけは八五年の中曽根首相（当時）の公式参拝でした。私自身遺族の一人です。この日、家で、それこそ食い入るようにテレビを見ていたのですが、その時の光景は私にとってはとても衝撃的でした。中曽根首相が閣僚たちを引き連れて靖国の鳥居をくぐって、この人は元軍人なんですね、ほんとうに威風堂々と境内に入っていく。それを、参道の遺族たちが拍手喝采して迎える。なんとも切なく、悲しい気持でした。なぜ、自分の肉親の戦争での死を強いられた遺族たちが、その死を強いた国家の指導者を拍手で迎えるのか。これはいったい何なのか。

中曽根首相は参拝後の談話で、「公式参拝は遺族のたっての宿願であった」、と言うわけです。しかしそれは違う。私も遺族だけれども、けっして参拝してほしくない。それで同じように感じていた真宗の遺族たちが集まって、真宗遺族会というのを作りました。真宗遺族というのは、自分たちは靖国遺族ではないという名乗りだと私は思っています。この会は当初三百人くらいの会員がいました。それで、反靖国の運動をはじめます。

私の父親は靖国に合祀されているのですが、はじめはそれは本質的なことではないと考えていました。勝手に祀られているだけで、私自身は、真宗で父親を追悼するんだから関係ないと。ところが、山口の中谷訴訟★8がありました。そこで、夫を護国神社に勝手に祀られた中谷康子さんが、夫の合祀は自分のキリスト者としての信仰が貫かれないことを意味するんだ、という言い方をされた。そのことが、私には大きなメッセージだったんですね。

親鸞は「神祇不拝」、つまり神を拝まずということで弾圧を受けた人物です。もちろんそれだけではありませんが、神を拝まないということが、真宗の信仰の大きな核をなしていることは間違いない。私は最初、父親が祀られていることとは無関係に、自分の信仰は存在すると考えていた。しかし戦死者を合祀することによって、戦後なお日本人の精神を支配しつづけている靖国状況がある。そういう

(7) 首相の靖国神社公式参拝に反対する本願寺派僧侶・門徒の戦没者遺族を中心に「真宗門徒として平和を願う」ことを目的として八六年一月に発足。

(8) 事故死した自衛官の夫が、反対の意向を無視して山口県護国神社に合祀された中谷康子さんが七三年に合祀取り下げを求めて提訴。一、二審は勝訴したが、八八年六月、最高裁は中谷さんに「受忍すべき寛容さ」を求める逆転敗訴を言い渡した。

状況を放置しておいた上にある自分の信仰とは何なのか、それは、無惨な信仰ではないかと。このことがひとつ課題になったわけです。

菅原龍憲

4　アジア訴訟が問いかけたもの

菅原：それで、二〇〇一年の小泉靖国参拝の違憲訴訟[★9]に原告として関わり、二〇〇七年から合祀取り消し訴訟を行なっています。小泉訴訟の時は、韓国の李熙子《イヒジャ》さんや台湾のチワス・アリさんらも原告として参加しました。アジアの遺族たちと一緒になって、訴訟を起こしたというのは、画期的なことでした。このことが、私自身に問いかけたことがまたありました。

李熙子さんと私は同じ遺族ではあるけれど、やはり違うんですね。韓国や台湾の遺族と日本の遺族との間には溝がある。韓国や台湾の遺族にとって、靖国信仰というものは、そもそも異質なんですね。日本の戦争に駆り出され、戦死させられ、そして靖国に祀られる、だから幾重にも理不尽なことであるわけです。

思い出すんですが、最初の法廷で、もう亡くなられた韓国人原告の金景錫《キムギョンソク》さんが、国側の代理人に向かって、「あなたがたは私たちを、死んでも強制連行するのか！」と言われた。日本の侵略戦争に加担させられたあげく、死に追いやられ、そして今なお靖国の神とさせられているということ、これがきわめて許しがたいことであることは明らかです。しかし日本の遺族というのは、言ってみれば靖国信仰と共存して生きてきたわけですから、彼らのように異質な世界を生きてきたわけではない。そうすると、日本の遺族と韓国や台湾の遺族が一緒に訴訟をやっていけるのだろうか、少なくとも、私たち日本の遺族が、自らの靖国信仰というものを自覚し、そこから解放されていくことなしに、その溝を埋めていくことはできないのではないか。そういうことを、このアジア訴訟という枠組みによって、あらためて突きつけられたと思います。靖国信仰は、戦前だけでなく、戦後もずっと日本人を縛っているものです。それからどう脱却できるかが課題ですね。

合祀取り消し訴訟の方は、靖国神社が相手ですからなかなか大変なんです。提訴後の記者会見で、朝日新聞の記者が、「あなたは司法に、ある特定の宗教法人についての判断を委ねるのか」と質問し

（9）小泉首相の靖国参拝による「精神的苦痛」を理由に、国と首相を相手取り、全国五か所（大阪、松山、福岡、千葉、東京）で起こされた国家賠償請求訴訟。福岡地裁は「小泉首相の参拝は憲法で禁止されている宗教活動に当たる」と明確に違憲判決を下す。判決は確定。大阪高裁も福岡地裁に続き、違憲と判断。高裁レベルではじめての違憲判決。しかし最高裁は憲法判断に踏み込まずに上告棄却。

てきました。もちろん、宗教の是非を司法に判断させるわけにはいきません。でも、それがたとえ靖国の宗教行為であったとしても、他人の人権を侵害するものであることは許されない。そのことの判断は司法がすべきではないか、と答えました。靖国信仰は訴訟の場になじまない、という言い方もされるわけです。裁判それ自体、さまざまな限界があるわけだけれど、そういうことを問いつづけていかなくてはいけないと思っているということです。

5　浮上した「新たな国立の追悼施設」

山本：お二人それぞれ、靖国と向かいあってこられたわけです。その後、さらに二〇〇一年くらいから「新たな国立の追悼施設」建設という問題が浮上してきました。私は、これは二十一世紀の靖国問題であると言っていいと思うのです。

私たちは新たな国立施設について考えていかなくてはいけないということで、キリスト者、仏教者、市民が集まって「国立追悼施設に反対する宗教者ネットワーク」というものを発足させていくことになるわけですが、私のほうでちょっと年表的に整理してみますと、二〇〇一年八月十三日に小泉首相が靖国参拝をします。このとき、国立追悼施設についても言及しました。それを追うかたちで、宗教界からの動きがあります。浄土真宗本願寺派が宗教界としては突出して、国立戦没者追悼施設の推進を掲げました。

その後政府内では、官房長官の私的諮問機関として、「追悼・平和祈念のための記念碑等施設の在り方を考える懇談会」（追悼懇）が作られまして、審議が行なわれます。翌二〇〇二年六月には、民間団体として「新しい国立墓苑をつくる会準備会」というのが本願寺派も参加してたちあがり、七月には「新しい追悼施設をつくる会」の設立総会が開かれることになります。

今日集まっている私たちも、これに反対していくというスタンスで、発言してきたことになるわけですが、それはどういう思いからなのか、といった話に移っていきたいと思います。

菅原：二〇〇一年に小泉参拝が行なわれ、内外から厳しい批判を浴びた。それと呼応するかたちで、「追悼懇」がつくられた。この内容についてはもちろんいろいろありますけれども、要するに、摩擦を回避するための隠れみのにすぎず、本当に靖国に代わる施設を考えるという趣旨であったかどうかは疑問です。私は、基本的には、どのようなかたちであれ、国が追悼施設を設置していくということは、結局は靖国に収斂されていくものでしかないという考えです。靖国信仰というのは、「多くの国民が国のために尊い一命を失われたということに対して、感謝の念を表わし、哀悼の意を持って遺徳を偲ぶことは、日本人として当然の感情である」という立場に立つわけです。この点は、新しい国立追悼施設も変わらない。「国のための死は尊い死である」というのが靖国問題の本質ですね。どういう形態をとろうとも、国家儀礼の装置としては変わらない。だから、靖国に収斂するというのです。

山本：菅原さんのお立場としては、あくまで国家による追悼は靖国に収斂し、これには反対であるから、新しい施設にも反対である、ということですね。千葉さんはいかがですか。

千葉：もともと千鳥ヶ淵[★10]で、各宗派が追悼式を自由な形式でやっていますね。八月十五日にずいぶんやられています。キリスト教関係もそうだったんですよ。靖国とは違う場所で、戦没者を追悼するということは、靖国的なものとは違う意味を持つんじゃないかという思いが、靖国問題に関わりはじめた当初、私にもありました。でも、なんでその場所で、そういう儀式が行なわれなければならないかということが気になり始めたんです。彼らは、キリスト教の礼拝方式で戦死者の追悼をすることは、「信教の自由」の行動として、いいことだ、と考えていたと思います。

たしかにそれは、国家の儀式ではないかもしれない。「無名の戦没者の墓」という点では、靖国とはたしかに違うけれども、あの施設は国家が作ったものですよ。それで、新しい追悼施設といったときも、それは結局、千鳥ヶ淵も同じなのではないか、と。

向こうの言い方では「何びともわだかまりなく戦没者を追悼できる施設」ということですよね。そういう施設を国が作りつづけるということは、結局菅原さんがおっしゃったように「国のための死」を評価していくことがつねに必要であるからでしょう。そうすると、国家とは何かという問題になってしまうかもしれないけれども。

6　国立追悼施設に反対する宗教者の運動

千葉：私自身は、「国立追悼施設に反対する宗教者ネットワーク」に、東西本願寺の方々に呼びかけられて参加した★11ということになるわけですが、キリスト者の中には、靖国神社の国営化には反対したけれども、この新しい追悼施設は無宗教で、「わだかまりなく参拝できる」からいいのではないか、という意見の人が多いのです。ただ、日本基督教団には、先に述べた靖国問題特別委員会という組織があって、『靖国闘争』というシリーズを書かれた戸村政博さん★12が委員長をなさっていたりしました。七〇年代の後半ですが、私もその委員の一人だったのです。その後、昭和天皇の病状報道

(10) 国が維持管理する「無名戦没者の墓」として一九五九年に建てられた千鳥ヶ淵戦没者墓苑。身元不詳の遺骨が地下の納骨堂に納められ、昭和天皇の「御製の碑」がある。

(11) このネットワークは「２０００年東西本願寺を結ぶ非戦平和共同行動」という東西両本願寺関係者による運動体の有志の呼びかけにより結成された。菅原龍憲は同共同行動の共同代表で、現在ネットワーク事務局長の山本浄邦は同共同行動の設立以来の実行委員会メンバーである。

がなされ、戦後にはじめて、天皇の死と「代替わり」に直面するということで、天皇代替わりに関する情報センターが教団の中にできて、そこにも私は参加をしました。その後、先の「特別委員会」もこれに合流し、「靖国・天皇制問題情報センター」というかたちで活動してきましたが、教団の右傾化のなかで廃部とされ、いまは有志の個人会員の支援で「センター通信」を発行し続けています（当初は月二回発行、B５判、二〇～二四頁。有志となってからは月一回発行、A４判、二〇～二四頁）。これらのグループでは、当然、「国立」の追悼施設という構想についてははじめから批判的です。

山本：逆に、キリスト教団として、新しい追悼施設を積極的に推進していこうという動きもないわけですね。

千葉：そうだと思いますね。ただ、個人的には、そちらのほうに傾いた人も多いと思います。西本願寺では「国立追悼施設をつくる会」を教団をあげて推進するというので、これはまた、強力な動きが出てきたと、心配したんですが。そこには、以前一緒に反靖国の運動をしていた人たちも含まれていたわけですから、そういう関係から言っても、新しい追悼施設に理解を示すキリスト者もいたのは事実だと思います。運動としては見えてはいませんが。

山本：宗教界で、これまで反靖国を言ってきた人たちのなかから、そういう意見が出てきたわけですが、大きく二つに意見が分かれたとまで果たして言えるのかどうかということもありますね。というのは、表立っては、それに対する反対の運動のほうが目立っていた。菅原さんや私も属している本願寺派は、新しい国立施設にたいして、突出して賛成の旗を振りました。当時の総長であった武野《たけの》以徳《いとく》、宗会議長の石上智康《いわがみちこう》といったごく一部の人たちが、教団内部でコンセンサスを得ることもなく、動いていった。★13 これにたいして、教団内外から批判が出て、その延長線上に、より広範な宗教者のネットワークとして「国立追悼施設に反対する宗教者ネットワーク」もできたという経緯があります。

千葉：二〇〇二年の十二月二十四日に、追悼懇の報告書が出されたわけですね。「国立追悼施設に反対する宗教者ネットワーク」が立ち上げられたのは、その直後でしたか?

(12) 一九二三年生まれの牧師。教団内で「紀元節」復活反対、靖国神社国営化反対運動、戦争責任告白などを推進。著書に『靖国闘争』『続・靖国闘争』『日本人と靖国問題』『靖国問題と戦争責任』(いずれも新教出版社)など。

(13) 本願寺派の教団組織は三権+教義権の四権分立の形態をとっており、総長は議決機関の宗会(いわば議長は国政の国会議長に相当)で選出され(総理大臣に相当)、そのもとに各行政部門を担当する総務(大臣に相当)がおかれ、総局(国政の内閣に相当)が組織されている。

山本：直前ですね。その年の十一月九日に、京都で結成されたんです。

千葉：「国立追悼施設をつくる会」のほうは？

山本：こちらはもっと早くて、準備会が六月ですね。追悼懇ができて半年くらいですか。ですから、始めから追悼懇の動きを後押しするようなことをすすめていたわけです。本願寺派の石上議長が、当時、全日本仏教会★14の事務局長でもありましたので、政府の動きに関する情報もいろいろ持っていたのかもしれませんが。全日本仏教会やカトリック、立正佼成会などの宗教教団や文化人、労組などに対していろいろ働きかけを行なっていたようです。それで、設立は七月です。

7　追悼対象としての「新たな戦死者」

菅原：追悼懇の報告書については、それが新たな戦死者の受け皿になってしまうんだという批判がありましたよね。それで追悼懇も、「つくる会」も、「国のために死んだ人をほっておけないだろう」という論理では共通しているわけですが、ただ、「つくる会」の方には、「第二の靖国を作り出してはいけない」という主張がある。それで、「つくる会」のほうは、憲法の原則を守る、特定の宗教性をもたない、非戦平和を祈る象徴的な場とする、全ての戦没者を追悼対象とする、ということを掲げます。

山本：追悼の対象ということでいうと、「つくる会」のほうは、「新たな戦死者」を追悼対象にしないという立場です。追悼懇のほうは、新たな死者も追悼対象とする。ここが新施設推進論者のあいだで議論になるところですね。

菅原：そうですね。「つくる会」はあくまで、第二次大戦までの死者に限る、と。つまり、本願寺派も、反靖国ということはずっと掲げつづけてきたわけですよ。けれども、それがどのような根拠に基づいて闘われてきたのだろうか。もしかすると、その根拠の希薄さを、この新しい施設をめぐる議論のなかで、あらためて浮かび上がらせたのではないか。いままで一緒にやっていた人たちの一部が賛成に傾いていくというのは、その結果だと思います。

千葉：それは、仏教だけでなくて、他の宗教も同じですね。靖国問題の本質が何かが、あらためて

(14) 一九五七年、仏教主要宗派・団体の連合体として発足した財団法人。政府と仏教界との窓口の役割もしている。

問われた。それで、本願寺派の参加する「つくる会」のほうは、「新たな戦死者」を新たな施設の追悼対象に含ませない、と言われましたね。これはどういう理由ですか?

山本:真宗教団内の靖国批判の論理の一つに、「戦死者のサイクルをつくらない」ということがあったわけです。ところが、新たな戦死者を追悼対象に含めると、戦死者のサイクルができてしまうことになる。それは問題であるということだと思うんです。でも、戦死者のサイクルというのは、新たな死者の受け皿にしないことで断ち切れるものなのかどうか、ということもあると思います。

8 「無宗教」が意味するもの

山本:あと、推進派の論理としては「無宗教である」ということがありますね。とりわけ、宗教界の反靖国の論理という場合、靖国神社が神道の施設であるということが大きかったわけですね。これはたとえば、真宗の僧侶であった菅原さんのお父さんが、神式で靖国神社に祀られているのは「信教の自由」の侵害である、という論理がありますね。形式が神式であることが問題だと。つまり、形式としての「信教の自由」。菅原さんの思いも、じつはそのようにのみ理解されている部分があるのではないですか?

菅原：そうですね。これは、信教の自由とは何かといった話になってしまいます。先日、北海道の砂川の神社への公有地貸与の件で判決がありましたね。★15 これも、じゃあ、鳥居があるから宗教だというような理解でいいのか。

国立の新しい施設は、たとえば靖国のような二礼二拍手一拝といった形式はとらないでしょう。でも、それならいいということになるのか。これは問題の矮小化であると思うんです。私たちが信教の自由を主張するのは、そういう形式的な話ではないのです。信教の自由は国家と国民の関係において、つねに国家が国民の内面へ介入しようとする権力行使を厳格に拘束するところに成立するものだと思います。国家がひとりひとりの内面に介入していくことに対して反対だということです。「特定の宗教色をなくせばいい」とか、誰でもお参りできるよう「無宗教」に、ということとはまったく次元が違う話です。だいたい、靖国か国立追悼施設かという二者択一にしていること自体がおかしい。

千葉：これまで、運動の側が靖国問題を、実質を伴わないスローガン化した「信教の自由」という面だけでとらえて反対してきたことの問題ですね。だから、「無宗教」といったかたちでこの問題がクリアされれば、問題ないと。つまり、追悼そのものはいいことであるし、追悼施設もいいものだと

(15) 二〇一〇年一月二十日、北海道砂川市が私有地を無償で神社に使わせていることが政教分離違反であるとされた裁判で、最高裁の違憲判断が出された。

いう考えだから。それでもう、靖国問題は、その人にとっては終わっているわけです。

菅原：政教分離・信教の自由は、「無宗教」だからといってクリアすることはできないんです。国が追悼の施設、儀礼の装置をつくること自体が、どれだけ人びとの信教の自由を決定的に侵害することになるのかわかっていない。

千葉：毎年八月十五日に、政府主催の「全国戦没者追悼式」が九段でありますね。★16 それも、新しい国立施設ができれば、そこでやるということになるでしょう。天皇が出席するそういう儀式に、「無宗教」だからいいということで推進しようとする人びとも、完全に取り込まれていくことになりますね。

9　国家による「追悼」の空間

山本：靖国を批判する文脈から、新しい国立施設を求める動きについて議論しているわけですが、そういう立場をはっきり打ち出したものとして、菅原伸郎さんという、朝日新聞論説委員の方が編集された『戦争と追悼――靖国問題への提言』（八朔社）という本が出ています。ほかに三人の真宗系の学者、二人のキリスト教系の学者が書かれています。お二人とも、当然この本は読まれていると思いますけれども。

菅原：この本の中では、新しい追悼施設は謝罪の場というか、つまり、ふたたびこのようなことを繰り返さないための、非戦平和の施設だという位置づけですよね。いわば、ドイツの「ノイエ・ヴァッへ」（本書第3章、米沢論文参照）のような、戦争の悲惨を心に刻む場というか。

山本：そうですね。でも、私は、この人たちはまず、日本の遺族に配慮していると思うんです。「ノイエ・ヴァッヘ」は、もちろん国内の死者を追悼しているけれども、ユダヤ人や、侵略された側の死者も含んでいるわけですから。編者の菅原伸郎さんは「悲しみの空間を作ろう」と言われていますが、その場合念頭に置かれているのは、日本人の遺族だけではないでしょうか。この本では、池田行信《ぎょうしん》さんという、現在本願寺派の総務に就任している方が文章を書かれているのですが、この方も同じ立場ですね。「謝罪」の場といっても、非常に内向きの感じがします。「はじめに」で、こんな

(16) 天皇・皇后、三権の長らが参列し、天皇が「おことば」を述べる。一九五二年から毎年行なわれ、会場正面には「全国戦没者之霊」と書かれた白木の柱が立てられているが、これは七四年までは「全国戦没者之標」だった。

ふうに書いてあります。「「国家は人間の内面にいっさい関わるな」という意見がある。その気持も分からないわけではないが、といって、「国」の名で召集されて亡くなった人たちを政府が放っておいていいだろうか。宗教者として「国」をどう考えるべきか、新しい模索をする時期かもしれない」。はっきり言っているんですね。「「国」の名で召集された」、つまり、いま現在靖国に祀られている日本の人たちをどうするかということが、問題の中心になっているんだということです。

菅原：結局は、さっき言った政教分離・信教の自由ということを、この人たちがどう理解しているかという問題になると思います。つまり、国家というものは、いかなるかたちであっても、個々人の内面に介入してはならないのです。「悲しみの空間をつくろう」というのはいいとしても、それを国がつくるべきなのか、ということですね。たとえば、遺族というのは、国によって戦争に駆り立てられ、殺された人たちの関係者です。そういう遺族に対して国がなすべきことは、まず、補償ではないですか。ところが、追悼の場をつくるという。これはいわば、生活権の問題をすりかえ、内面に介入することで「解決」しようというものです。国は国家補償する義務はあるが、追悼する権利も資格もない。国家による追悼は遺族の心情を封じ込めるものでしかありません。

山本：国家による追悼儀礼の場で、総理大臣の追悼の辞とか天皇の「おことば」などでもって、何らかの死者の死の意味づけがなされる。そのことを通して、遺族の意味づけもまたなされていくとい

うことですね。まさにその通りだと思います。

この本の中では、菅原伸郎さんが、菅原龍憲さんとは正反対のことを言っています。「新しい国立追悼施設に反対する人たちの間に、「追悼は心の中だけでいい」という意見がある。確かに、葬式も墓も無用、と言い遺して旅立たれる方も少なくない。しかし、愛する人を失った遺族はどこまで空虚に耐えられるだろうか。故人を思いだし、祈念するための場所やシンボルが欲しくなる。そこに何かがなければ、悲しみは虚空をさまよい、呪術やカルトにも向かいかねない。思いを「公然と告白する」ような空間や形相がなければ、歎きは妖気や狂気に、あるいは軍国主義という亡霊にも取り込まれる。そういう意味で、宗教的であろうがなかろうが、何らかの場は必要なのではないか」(「悲しみの空間をつくろう」)。

むしろ、そういう施設がないことによって、軍国主義に取り込まれるんだ、という議論をしているんですね。

千葉：いまの、「新しい国立追悼施設に反対する人たちの間に「追悼は心の中だけでいい」という意見がある」という部分、これが、菅原伸郎さんにとって大前提になっていますね。追悼というのは、何なのか。そもそも、理不尽な死というものを背負わされた人たちに向かい合うときに、人は果たして追悼という形をとるのだろうかと思うのです。死者を思うということのなかに、その人の希望や、願いや、あるいは怒りといったものを、いまを生きる人たちがどう継承するかという問題ではないだろうか。それは「追悼」とひとまとめにできないものだと思うんです。だから、「追悼は心の中だけでいい」というのも、またちょっとちがう気がします。

10　国家は謝罪の主体たり得るのか

菅原：憲法の信教の自由・政教分離の規定は、あくまでも、国家が内心に介入してはいけないということです。だから、かりにその人にとって追悼という行為が必要であるとしても、それを保障する施設を国に作らせようとする発想自体が転倒していると言わざるを得ない。「憲法の原則を貫く施設」の建設を国に求めるということが、憲法の原則から外れているわけですよ。だいたい、国家というのは、つねに国民の内面にいかに介入しようかということにばかり腐心している存在ですから。それをさせないために、政教分離なりがあるんです。

東京に平和遺族会というのがあるんですが、[★17]ここに集まっている人たちにも、新しい国立施設賛成の人がいます。彼らはもちろん反靖国を共有する人たちですよ。ただ、新しい追悼施設は「謝罪のモニュメント」なんだということで賛成している。でも、このことに対しても、私は、国家に謝罪をする資格があるのかとさえ思いますよ。罪を謝するということは、罪を担う主体を成立させ、そのことによって自己を回復していくことでしょう。でも、国家というものは、そういう主体たり得るのか。先ほども言いましたけれど、国がなしうることは、戦争責任を認めて補償することでしかない。国が関わりうるのは、生活領域の問題であって、精神領域の問題ではない、そう私は考えています。

千葉：国立戦没者追悼施設というものに思い至った国の側の論理というものは、はっきりさせておいたほうがいい。これが「第二の靖国」でしかないという批判をわれわれもするけれども、その場合の中身というのは、ひとつは新たな戦死者を祀る施設であるということにあるわけですね。国は軍隊を持ち、一定の軍事力の行使を想定している。この場合、新たな死者を靖国に祀るわけには、やはり

---

(17) キリスト者遺族の会、真宗遺族会、日本遺族会から脱会した旭川平和遺族会など各地のグループが集まって、八六年七月に発足した平和遺族会全国連絡会。

いかないだろう。新たな死者を、なんらかのかたちで国が祀らなければならないとすれば、それは新たな施設とならざるをえないだろう、ということです。

山本：さきほど、真宗教団内の靖国批判の論理としてある「戦死者のサイクルをつくらない」ということが、新たな死者を追悼対象にしないことで断ち切れるものなのかどうか、という話をしました。仮に、いま考え得るもっともベターな国立追悼施設を作り得たとして、それは新たな戦死者が生まれることを、防ぐものにはなりえないことは明らかですね。たんに、受け皿にしないということでしかない。これはまったく別の問題であるという議論が、そもそもこの「つくる会」のほうにも抜けているんです。

だいたい、この人たちは、自分たちは国に対して対案を出す、ということをしきりに言っていたけれど、実際の彼らの活動とか言論の内容を見てみると、新施設反対論への反論しかしていないことがわかります。「つくる会」の設立総会を報じた、仏教関係の新聞である『中外日報』の記事なんかを見ますと、反対派の主張は「国権の発動によって亡くなった者を国家が追悼しなくてよいという論理に等しい」と批判している。いや、まさにわれわれの立場はそうなんですけれども、問題は、そういうことを言い合う場にしかなっていなかったということですよ。国家に対する対案というより、国家による追悼に反対する者をたたく。あらゆる国立施設推進派が、その点では同一の立場に立っている。

政府の側の意図はもう一目瞭然で、これは新たな死者をどう追悼するかということですから。追悼懇の答申の翌年、イラク戦争への陸自の参戦（サマワへの派兵）があったわけですね。こういうことを考えると、「新たな戦死者の受け皿にしない」ということが、どれだけ対案として意味を持つことになるのか、私には理解できませんね。はじめにお二人からお話しいただいた六〇～八〇年代にかけての靖国闘争の段階では、まだ現実的な問題としては考えられていなかった課題として、新たな戦死者の追悼という問題が、新たな世紀に入って、急速に浮上していたんだと思うわけです。

千葉：市ヶ谷の防衛省のなかにある「メモリアル・ゾーン」★18 を国立追悼施設に反対する宗教者ネットのメンバーで見学に行きましたよね。その完成以前から、自衛隊結成後一貫して「殉職者」というかたちで毎年追悼式を行なっていた。岸（五七年）、池田（六二年）、竹下（八八年）が首相として参列し、その後村山富市以降の歴代の首相は毎年参加するようになって、殉職者はすでに慰霊・顕彰されているのです。新たな死者が「戦死者」と表現されるかどうかはわかりませんが、とりあえずは、新たな死者が出ても対応することはできるということでしょう。

（18）「殉職した自衛官の功績を永久に顕彰し、深遠なる敬意と哀悼の意を捧げる」ため、防衛庁の市ヶ谷移転に伴い庁内に点在していた慰霊碑を統合して「自衛隊殉職者慰霊碑地区（メモリアル・ゾーン）」として整備され、ここで毎年なされてきた「殉職者追悼式」が行なわれるようになった。首相も参加。

11 天皇が「心安らかに」参拝できる場所

菅原：高橋哲哉さんが、大阪の「合祀取消」訴訟の集会で新たに靖国を支える若い人たちが増えてきた、という言い方をしていましたね。派遣切りとか、若い人たちが使い捨てで、相手にもされないという状況が続いている。そういうなかで、国のための死は尊厳ある死だと、そういう意味づけを与えてくれる靖国への憧憬みたいな感覚が育っていると。

昨年（二〇〇九年）の衆院選挙の前に、民主党の鳩山代表（当時）が、新たな国立施設について発言しましたね。[★19] その後、具体的な政治日程としては出てきていません。でも私は、それが政治日程に上ろうが上るまいが、これらの発言というものを、あらためて靖国問題を問うきっかけとしたいんですね。

鳩山さんはこのとき、「天皇が心安らかにお参りに行かれるような施設を」という言い方をした。いま千葉さんが言われた「殉職」というのは、つまり「公務死」ですよね。けれども、靖国においてはそういう死者はさらに「英霊」となり「軍神」となる。この死者を「英霊」にできるのは、天皇だけです。戦前の日本の軍隊が他国と違っていたのは、国軍ではなくて「皇軍」であったこと、つまり天皇の軍隊であったということです。鳩山さんが「天皇が心安らかに」というのは、まさに「尊厳」ある死、「英霊」という死の意味づけが、天皇によってなされなければならないということの表明であると思うのです。自民党の首相でも、そこまでリアリティをもって言った人はいないのではないですか。

靖国においては死者は神になるわけです。外国の場合、たとえばアメリカのアーリントン墓地[★20]に埋葬されている兵士は、神ではないですね。勇士、あるいは栄光ある戦士といった言われ方はしても。日本でも、死ねば自動的に神になるわけではない。それはやはり靖国に祀られ、そして、天皇によって国のために死んだことが認められなければならない。靖国神社は天皇を最高の祭司とする天皇のための神社であったし、それはいまでも変わっていません。それで、新しい追悼施設も、結局のところ、「天皇が心安らかに」ということを目指すのであれば、それは靖国の本質と同じだと言わざるを得ません。

(19) 二〇〇九年八月十二日、鳩山由紀夫民主党代表(当時)は、靖国神社参拝について「A級戦犯が合祀されており、首相や閣僚が参拝することは好ましくない」「どなたもわだかまりなく戦没者の追悼ができるような国立追悼施設に取り組んでいきたい」「天皇陛下も靖国神社には参拝されず、大変つらい思いでおられる。……陛下が心安らかにお参りに行かれるような施設が好ましい」と記者団に語った。

(20) 一八六四年に南北戦争の死者のために築かれた墓地・戦没者追悼施設。その後の各戦争の死者、「テロ犠牲者」が埋葬されている。

千葉：たしかに、新しい追悼施設であれば、天皇も心安らかに参拝できるでしょう。悩むことなく。鳩山さんが、政権獲得を前にそういう「臣民ぶり」を示したというのも、新しい事態ですね。

山本：推進派の人も、「天皇が心安らかに」参拝できる場所が、そもそも謝罪の施設になりうると思っているんでしょうかね。だいたい謝罪をするというとき、心安らかではいられないはずですよ。

12　追悼儀礼の政治的意味

山本：ところで、自民党は、改憲プランで憲法二〇条を改悪しようということを言っていましたね。一方では国立施設のほうはお蔵入りにしつつ。憲法二〇条は、国家による宗教行為を禁じた条文ですね。そうすると、国立追悼施設であれ、それは本当のところ抵触するはずですよね。そもそも、追悼という行為が無宗教でありうるのか。宗教行為なんだから、無宗教ではあり得ないですよ。そもそも「無宗教」なんて言葉自体が何ともあやしげじゃないですか。

千葉：憲法二〇条改悪の眼目は、習俗的な儀礼行為に関しては、国が関わりを禁じている宗教行為の概念からはずすということですね。それは宗教的な行為ではない、国民的な儀礼の行為なのだ、と。[★21]新しい追悼施設で行なわれる儀礼は、まさにそうしたものとして説明されるでしょう。さらに、二〇条第二項が「何人も、宗教上の行為、祝典、儀式又は行事に参加することを強制されない」と規定している部分についても、儀礼への参加を強いてくる論理として働く。

国家、あるいは公的な機関が儀礼を行なうことの問題ですね。国家はそもそも、儀礼を行なうことなしに、国民を統合することはできないのかもしれませんが。

菅原：「何人もわだかまりなく」というけれども、それは、国が「わだかまりなく」というだけにすぎなくて、こちら側はいくらでもわだかまるわけですよ。

山本：そうすると、「わだかまりなく」という施設なのに、何でおまえはわだかまるんだ、っていう、強制の論理になるんですね。わだかまりを持ってはいけないんだ、わだかまりなく追悼しろ、という強制。

(21) 自民党改憲案では、第二〇条三項「国及びその機関は、宗教教育その他いかなる宗教活動もしてはならない」を「国及び公共団体は、社会的儀礼又は習俗的行為の範囲を超える宗教教育その他の宗教活動であって、宗教的意義を有し、特定の宗教に対する援助、助長若しくは促進又は圧迫若しくは干渉となるようなものを行ってはならない」と変えることを主張している。

菅原：宗教色を排するといっても、現実にはそういう問題はいくらも出てくると思います。やはり、国が行なう儀礼がもつ政治的な意味ですよね。

田中伸尚さんの編集された『国立追悼施設を考える』（樹花舎）というブックレットのなかで、沖縄国際大学の石原昌家さんが、沖縄の「平和の礎《いしじ》」★22が靖国化していくことへの懸念を述べていますね（「全戦没者刻銘碑「平和の礎」の本来の位置づけと変質化の動き」）。実際、「平和の礎」に小泉首相やクリントン大統領がそこに来るわけです。「平和の礎」は宗教施設ではないはずなのに、小泉さんは国のために一命を捧げた者として感謝の念を表し、そこで深々と拝礼し、合掌する。それはまさに靖国化ですね。

千葉：そうして国家によって宗教性が付与されるということになる。

山本：石原さんは、沖縄県の革新系県政のもとで「平和の礎」プロジェクトの座長となられた方です。国立追悼施設に反対する宗教者ネット設立集会では基調講演をお願いしまして、お話をうかがいましたね。そのお話によれば、「平和の礎」というのは、本来、沖縄戦で死んだ人びとの名前を刻銘した記録施設だけれども、その、名前が刻まれた石碑が慰霊追悼の場所になってしまう。そういう現状があるといいます。

石原さんは、こう書かれています。「小泉総理大臣が、二〇〇〇年六月二三日、沖縄の全戦没者追悼式に出席したとき、平和の礎前で仰々しく手を合わせるという「参拝」の形式をとったのは、「平和の礎」を神社仏閣視する行為であり、「平和の礎」の変質化の顕著な動きとして、注視しないといけない」。

菅原：やはり、無理ですよ。ここは「参拝」の場ではなく、「参観」の場ですと言いつづけていたわけですが、そこに行く遺族の心情としては、それは単なる記録施設ではあり得ない。

山本：この一帯が沖縄の戦没者追悼式の会場になっているわけですね。そして、靖国神社のような兵器の野外展示や自衛隊、さらには米軍が軍服を着て儀礼をしている。つまり、平和の礎も、そういう追悼行為の場所にすでになってしまっているんですね。

(22) 一九九五年六月に沖縄県立平和祈念資料館敷地に建設されたモニュメント。国籍及び軍人、民間人を問わず、沖縄戦などで亡くなったすべての人々の氏名を刻むとしている。

13　死者を意味づけてはならない

山本：それで、そろそろ時間が残り少なくなりましたが、きょうの座談会の結論としては、結局国家が追悼の主体となってはいけない、ということだと思います。それが根本にあって、そしてその根本を欠落させた反靖国運動というのはなんだったのか、ということですね。

菅原：それともう一点、死者の意味づけという問題ですね。どのようなものであれ、死を意味づけることはやってはいけないと私は思います。

たとえば、「英霊」という言葉に反発して、あれは「犬死に」であるという言い方があります。でも私は、「英霊」か「犬死に」かという二者択一も問題だと思うのです。彫刻家の金城実さん★23の、母親との対話のなかで、「自分のオヤジは犬死にじゃ！」と言ったら、母親がちゃぶ台を叩いて激高したという話は有名ですが、遺族でもある本人が、具体的な会話のなかでそのように思うんだから、それはいいのです。それは金城実さんの思いですから。私が言いたいのは、それらの死者を一般化して「英霊」か「犬死に」かといってまとめてしまうことは、してはならないということです。個々の内面に関わるそういう問題に他者は介入してはいけないということです。誰も、死者を意味づけてはいけない。靖国であれ、新しい国立施設であれ。

山本：それは、謝罪の施設であってもそうですね。

菅原：ええ。千葉さんもいらっしゃるのですが、キリスト教の世界では、「殉教」、あるいは「犠牲」ということが、非常に大きな意味を持っているのではないですか。けれども、親鸞には殉教精神というものはないんです。法然や親鸞が流刑にされ、弟子が死罪にされた「承元の法難」といわれる弾圧があるのですが、その場合も、死者を「犠牲者」として意味づけることはしていません。後鳥羽上皇とか、加害者に対する責任の指弾だけをします。[★24] これは、日本の歴史上、希有な表現だと思いますよ。

私も、合祀取り消し訴訟のなかで、国が死者を意味づけることはしてはならないということを、繰り返し言ってきました。犠牲者という言葉では、加害者が見えませんよね。犠牲者と言ってしまうから、国による追悼の余地が出てくる。「尊い犠牲」……。これ、「尊い被害」なんて言葉はないわけですが、このこととも関連していると思いますね。死者の意味づけというのは、つまりは加害責任を曖

(23) 一九三九年生まれ。沖縄・読谷村在住の彫刻家。沖縄靖国訴訟原告団長。チビチリガマの「世代を結ぶ平和像」、「集団自決」や土地闘争の群像からなる一〇〇メートルの彫刻「戦争と人間」などの作品がある。

(24) 親鸞の主著『教行信証』末尾にはこの弾圧についての親鸞の言及がある。弾圧を実行した後鳥羽上皇・土御門天皇らを名指しで批判する一方、殺された同輩については事実関係を述べるにとどめている。

味にすることでもある。

千葉：キリスト教への弾圧に抗した人びとを「殉教者」として、後のキリスト教が意味づけるのは、基本的には護教のためだといえます。これでは弾圧の実態や、いまの抵抗運動につながっていかないと思います。

山本：一方で、仮に国の加害責任を一定程度認めることを謳うような謝罪の施設というものができたとすると、それは、死者全員が一律に被害者であったということになりますね。日本軍の兵士も、日本軍に殺されたアジアの人びとも、おしなべて「戦争の犠牲者」として追悼されることになる。被害者の並列化、つまり「みんな同じ被害者なんだ」というありえないことになりますね。

菅原：また日本の戦死者も、被害と加害が絡んでいる存在といえます。多くの国民は、そうと気づくこともなく抱えこんでいる天皇信仰、靖国信仰による内面収奪によって、それこそ国のための死は「尊い死」とする国家の価値のもとに服属し、戦争に参加していった。

戦争は悲惨である、戦争では絶対に死にたくない、殺したくないという切実な思いはそれぞれに存在しても、そのことがはたして国家の「大義」を価値的に越え得るのか。この問題は日本の戦前・戦後を貫いてありつづけていると思います。そこをどう突き抜けていくかという問題として、私にとっての靖国問題はあるわけです。

千葉：国家と個々人の関係の質みたいなものが、戦前戦中、戦後と変わり得ていない。だから、国が全面に強く出てくると対抗できないという、国家信仰みたいなものがあるんですね。国民意識との関係で言えば、とくにマスコミの果たす役割はひどい。マスコミが国家と距離をとって、批判的な言論を出さなくてはいけないと思うけれども、それは絶望的ですね。

いまの民主党政権がどこまで続くのかわからないけれども、靖国推進派が懸念するように、それを押しきって国立追悼施設をつくるという方向に踏み切れるだろうか。世論としては、無関心でしょう。

菅原：国立追悼施設建設をストップさせているのは、われわれじゃなくて、むしろ靖国派ですからね。

山本：そもそも、新たな追悼施設建設に賛同するような議論に反靖国派の一部が巻き込まれていってしまったことで、結果的に靖国の事実上の「国立」化に加担することになってしまっているということにもなりませんか。「靖国か国立施設か」という水準で議論をしてしまうと、「靖国を死守する」といった積極的な靖国派の意見とは別に、一般の人々からすでに靖国があるんだからいいだろう、という意見も少なからず出てくるんじゃないですか。根本的な点を抜きにして、靖国問題を「靖国か国立施設か」という問題にのみ矮小化してしまってはいけないと思うんです。そうではなく、私たちは、国家が追悼することそのもののもつ問題性という、靖国問題の本質から、国立追悼施設の問題点を問いつづけていかなければならない、と思います。

（二〇一〇年三月三十一日、京都市内にて）

第2章……

〈非宗教／無宗教〉のポリティクス

神道非宗教論と「国立の無宗教の施設」論をめぐって

山本浄邦

五濁増のしるしには　この世の道俗ことごとく
外儀は仏教のすがたにて　内心外道を帰敬せり
――親鸞「悲歎述懐讃」

はじめに

新たな国立追悼施設を推進する立場から、この施設が靖国神社と異なる一つの特徴として「無宗教」であることがあげられている。一方、かつての国家神道成立過程においては神道非宗教論が重要な役割を果たしたとされる。このように、神道非宗教論と国立追悼施設設置推進論の両者いずれもが国家儀礼とその施設の〈非宗教／無宗教〉化を目指すものであるという点において一致しているのである。

そこで本稿では、まず神道非宗教論と「無宗教の施設」論がどのように語られているのか、次にそれぞれがどのようにして語られるようになったのかを考察し、その上で両者のいう「非宗教」「無宗教」の社会的・歴史的意味をマックス・ヴェーバーの国家論とルイ・アルチュセールのイデオロギー論を手がかりに明らかにする。これらを通して「非宗教」「無宗教」をめぐる言説が発動するポリティクスがいかなるものであるのかを考えてみたいと思う。

1 神道非宗教論と「信教の自由」

国家神道は明治初期の神道国教化政策の破綻に代わって成立するが、その理論的基礎となったのが神道非宗教論であった。すなわち、明治初期の神道を国家統治の基本原理とするいわば神道原理主義国家の形成の試みは真宗教団の大教院からの離脱により最終的に破綻したが、この過程で登場したのが神道は宗教ではないとする神道非宗教論なのである。そのもとで「信教の自由」が主張され、やがて帝国憲法二八条の条件付「信教の自由」規定に結実する。その大教院分離運動の先頭に立ち神道非宗教論を積極的に展開したのが浄土真宗本願寺派の僧侶である島地黙雷（一八三八―一九一一年）であった。まずここでは、彼の著述をながめつつ、「神道非宗教（神道は宗教でない）」が彼によってどのように語られているのかを見てみたい。

島地黙雷は一八三八年、長州藩の真宗寺院・専照寺に生まれた。「明治」と改元された一八六八年に西本願寺教団の僧・赤松連城らと本山改革を提言し、一八七〇年に西本願寺門主の命を受けて京都へと移った。そして同じ長州出身の参議・木戸孝允の勧めにより一八七二年からは岩倉具視を中心とする政府の遣欧使節団に随行し、宗教事情を視察するため赤松ら四人とともに欧州各地を外遊していた。

同じ頃、明治新政府は神道国教化政策を積極的に進めていた。まず、復古主義的神道ナショナリズムと結合した尊王運動によって成立した明治政府は古代律令体制の神祇官を復活させた。しかし、近代国家建設を志向している時期にあってこれはあまりにも時代錯誤であり、一方で廃仏毀釈に遭遇したとはいえ一定の勢力を保持している伝統仏教教団の存在を無視して宗教政策を進めるのも無理があった。このため神祇官は神祇省へと格下げされ、さらに島地が外遊に出たのと同年の一八七二年には教部省へと移行した。そして、教部省は仏教をその統制下に置いて「敬神愛国ノ旨ヲ体スベキ事」「天理人道ヲ明ニスベキ事」「皇上ヲ奉戴シ朝旨ヲ遵守背シムベキ事」という三条教則を定めて大教院を設置し、神官・僧侶を国家公認制とする政策を展開した。つまり、神道・仏教をともに国家管理として、神仏合併による「敬神愛国」といった天皇制国家のイデオロギーの宣布を宗教者の役割としたのであった。

このような政府の宗教政策に島地は「信教の自由」を主張して強く反発し、一八七二年十二月、パリに滞在中であった彼は「三条教則批判建白書」を起草、政府に提出した。さらに一八七三年に帰国した島地は同年「大教院分離建白書」を提出する。これらには彼の政治と宗教の関係（政教関係）についての考えが明確に示されているので、その内容についてみてみよう。

まず、「三条教則批判建白書」で島地は、

「政教ノ異ナル固ヨリ混淆《コンコウ》スヘカラス。政ハ人事也、形ヲ制スルノミ。而シテ邦域ヲ局レル也。教ハ神為ナリ。心ヲ制ス。而万国ニ通スル也[★1]」。

と、政治が「人事」であり「形ヲ制スル」ものであるのに対し、宗教は「神為」であり「心ヲ制ス」るものであるとして、両者は異なる次元のもので「混淆ス」べきでないと主張する。では、このような島地の「政教ノ異ナル」という立場から、「三条教則」の問題性はどのように導きだされるのであろうか。島地は次のように述べる。

「教条三章第一ニ曰ク、敬神愛国云々。所謂敬神トハ教也、愛国トハ政也。豈政教ヲ混淆スヘカラス」[★2]。

すなわち、島地は「三条教則」の「敬神愛国」が「敬神」と「愛国」という二つの要素からなっていることを指摘し、「敬神」は宗教であり、「愛国」は政治であるとした。その上で、両者を混淆すべきでなく、政治と宗教は分離すべきであると主張したのである[★3]。島地が一国に限定される政治に対して宗教を「万国ニ通スル」などとしていることから、一見、政治に対する宗教の優位を語りつつ政教の分離を説いているようにも見える。しかし、そうではないことは「三条教則」の「皇上ヲ奉戴シ朝旨ヲ遵守背シムベキ事」に対して次のように述べていることから窺える。

「尊王ハ国体ナリ。［中略］夫至尊至重ハ国体ノ定ル処、誰カ奉戴拝趨セサラン」[★4]。

つまり、島地は「尊王」を何人であっても実践すべき前提として規定し、これを「教」に対する「政」の内容としていったのである。このような立場は島地が著した「三条弁疑」により明確にあらわれている。

「夫其国ニ在テ其国法ニ順フハ国人一般ノ通務ナリ。本邦殊ニ皇室ヲ重ンズルヲ国風トス」[5]。

このように「尊王」を日本における「国人一般ノ通務」と位置づけた島地は、「尊王」を宗教によって実現しようとすることに対して続けて次のように批判する。

「理自ラ皇室ノ祖宗ヲ敬事スル勿論ナリト雖モ、若シ此際ニ於テ一宗教ノ貌ヲナササシムルニ至テハ、又箇バザルベカラザル者アリ。如何トナレバ、宗教ハ尚ホ女ニ一夫アルガ如ク、其二ヲ並ブベキ者ニ非ズ。安心立命、死生ヲ托スル所、二物有テ可ナランヤ」[6]。

「尊王」を宗教とするならば、すでに信仰を持つ者にとっては自己の信仰を二つ持つことが要求されるので、「尊王」を「箇バザルベカラザル者」が出てくるというのである。つまり、「尊王」を「箇バザルベカラザル者」が出ないように、宗教としてではなく政治の領域たる「国人一般ノ通務」として例外なくすべての日本人民に「尊王」を実践させるべきだということであろう。そして、一方で宗教を「安心立命、死生ヲ托スル所」として、心の問題、内面の領域に限定した。「大教院建白書」ではさらに「凡ソ宗教ノ要、心情ヲ正フシ、死生ニ安セシムノ他ナシ」★7とその領域を断定している。

このようにして島地は政治と宗教を分離し宗教の領域を限定することによって、宗教から分離された政治としての「尊王」に対する宗教からの批判あるいは拒否の回路を自ら閉ざしてしまった。ここに、島地における「信教の自由」の枠外たる「国人一般ノ通務」としての「尊王」が定立されるのである。

では、宗教の領域だとされた「敬神」の要求は島地の「信教の自由」の主張において否定されるのであろうか。島地は「八百万神」を崇敬する神道信仰を欧州における宗教進化論的立場から次のように厳しく批判する。

「若夫レ天神・地祇、水火・草木、所謂八百万神ヲ敬セシムトセハ、是欧州児童モ猶賎笑スル所ニシテ、草荒・未開、是ヨリ甚シキ者ハアラス」★8。

つまり、「八百万神」への崇拝はヨーロッパの子供にも笑われるような「未開」の行為であると島地は考えていたのである。そしてそのような日本のあり方を島地は「本邦ノ為ニ之ヲ恥ツ」という。しかし、島地はこのような「八百万神」のみを「敬神」の対象であると考えていたわけではなかった。すなわち、「三条教則批判建白書」に「本邦諸神ノ説、国初ノ史伝ナリ」★9というごとく、島地にとっての「神」には「天神・地祇、水火・草木」のようなアニミズム的な「八百万神」とは別に日本の建国神話に登場するような神々が想定されているのである。そして、このような神における「敬神」について「三条弁疑」で次のように述べている。

「所謂諸神ヲ敬スト云フハ宗門上ニ所謂我ガ現当ヲ利益シ、我ガ霊魂ヲ救済スルノ神ヲ信敬スルノ謂ニ非ズ。凡ソ吾ガ邦諸神ハ、或ハ吾輩各自ノ祖先、国家有功ノ名臣徳士ヲ祭リシ者ナリ。［中略］其本苟クモ正クンバ、末儀ニ至テハ古風ニ随フモ随ハザルモ、強テ関係アルコトナシ。［中略］何ノ神社ヲ問ハズ、其祭典ノ起ル所以、其恩ニ報ヒ功ヲ賞スルノ外ナリ」[★10]。

ここで、島地はこれまで宗教であるとしてその強制を批判してきた「敬神」を「宗門上ニ所謂我ガ現当ヲ利益シ、我ガ霊魂ヲ救済スルノ神ヲ信敬スル」ようなものでなく、「祖先、国家有功ノ名臣徳士ヲ祭」るものとして、再定義している。そして、「其恩ニ報ヒ功ヲ賞スル」という基本さえ押さえていればその形式は関係がない、とするのである。そして島地は次のような論理にいたる。

「抑神道ノ事ニ於テハ、臣未タ之ヲ悉クスル能ハスト云ヘトモ、決シテ所謂宗教タル者ニ非ルヲ知ル」[★11]。

いわゆる「神道非宗教論」である。すなわち、島地においては、「祖先、国家有功ノ名臣徳士ヲ祭る神道は宗教ではなく、このような「敬神」であれば、「尊王」と同様に宗教的理由からこれを拒否する所以はないのである。

以上のようにして、島地は「尊王」も「敬神」も宗教の範疇に属さない臣民たる者の義務として規定し、これらを宗教的根拠によって批判したり、拒否したりする回路を自ら閉ざしてしまった。

こうして登場した神道非宗教論はやがて政府の宗教政策に影響を及ぼすこととなった。そして神道とその施設である神社、およびその祭祀は「非宗教」であるとされたのである。以上のような経緯を経て、神道非宗教、神社非宗教を前提とした「信教の自由」が、一八八九年に発布された「大日本帝国憲法」二八条に次のように定められた。

「日本臣民ハ安寧秩序ヲ妨ケス及臣民タルノ義務ニ背カサル限リニ於テ信教ノ自由ヲ有ス」（強調点は引用者による）。

こうして、神道非宗教論を前提とした「政教分離」により神道国教化政策から抜け出した仏教各派をはじめとする公認諸宗教は、「臣民タルノ義務」を担いつつ「信教の自由」を得た。しかしそれは、「敬神」「尊王」への批判や拒否が許されない「信教の自由」とならざるをえないことは、これまで見てきた島地の論理から明白である。すなわち「敬神」「尊王」を通じた国家統合を前提とする「自由」

として帝国憲法における「信教の自由」が定められ、そのもとで日本の敗戦まで国家神道体制が展開していったのである。そのなかで皇祖神たるアマテラス崇拝の中心である伊勢神宮や戦死者を神として祀る靖国神社が個々人の信仰を超えた国民的崇拝の対象たるべき非宗教の国家的施設として重要な役割を果たしたのは、まさに島地のいう、「祖先、国家有功ノ名臣徳士ヲ祭」る施設であったからであろう。このような施設に対する崇敬が国家から強制された際に、これに批判や拒否をする根拠となり得ないのが神道非宗教論を背景として成立した「信教の自由」であった。

2 「無宗教の施設」論と「信教の自由」

時代はくだって日本の敗戦から五十五年あまりが過ぎた二十一世紀初め、靖国参拝を公約に掲げた小泉純一郎が与党・自民党総裁選に勝利し、首相に就任した。小泉は首相となった二〇〇一年四月の就任会見で八月十五日の靖国参拝を表明、国内外に議論を巻き起こした。同年六月の国会における党首討論ではこの問題がテーマとなり、鳩山由紀夫民主党代表と土井たか子社民党党首が「千鳥ヶ淵戦没者墓苑」拡充や国立墓地構想を提起した。そして、この年の八月十三日に小泉は内外の反発をよそに第一回目の靖国神社参拝を強行したが、その際の談話で次のように語った。

「今後の問題として、靖国神社や千鳥ヶ淵戦没者墓苑に対する国民の思いを尊重しつつも、内外の人々がわだかまりなく追悼の誠を捧げるにはどのようにすればよいか、議論をする必要があると私は考えております」。

このように、靖国参拝を終えた小泉が新たな戦没者追悼施設建設検討を示唆する発言を行なったのである。

これをうけて福田康夫官房長官の私的諮問機関「追悼・平和祈念のための記念碑等施設の在り方を考える懇談会」（以下、追悼懇という）が同年十二月に発足し、議論を開始した。また、翌二〇〇二年四月には宗教者、弁護士などからなる「新しい国立追悼施設をつくる会」（以下、つくる会）という民間団体が結成され、政府による新施設建設を推進させようとした。

これらの新施設建設推進論には多少のスタンスの違いがある。とりわけ、追悼懇が「新たな戦死者」を追悼対象とする議論を展開したのに対し、つくる会では、「新たな戦死者」を追悼対象としない、ということを明言している。この頃はイラク戦争への自衛隊の参加が現実のものとなりつつあった時期であった。二〇〇一年十月にテロ特措法、二〇〇三年六月に武力攻撃事態法など有事関連三法、七月にはイラク特措法が成立している。国立追悼施設の議論はまさに「新たな戦死者」発生の可能性のある政策が推進されていくなかで行なわれていたのである。「新たな戦死者」がリアリティをもって語られはじめたこの時期に、直接この状況を批判するよりも「新たな戦死者」を追悼対象とするとかしないとかいう議論をもちかけようとする民間側建設推進論の姿勢は、「新たな戦死者」を生むかもしれないという現実の状況への危機感の希薄さを物語っているように感じざるをえない。

その一方で、「政教分離」をめぐって靖国神社と国家とのかかわりが物議を醸していることを意識して、新たな国立追悼施設が「無宗教の施設」であることを提言していることが共通している。

ここでは、これらの「無宗教の施設」論における「無宗教」とは一体どのようなものであったのかを、追悼懇の報告書とつくる会設立総会後に当時の福田官房長官に手交した文書[★12]を中心に考察してみたい。

まず、追悼懇報告書における「無宗教」論を見てみよう。この報告書は二〇〇二年十二月二十四日に官房長官に提出されたが、これまでの追悼懇での議論をふまえて、国立追悼施設建設を必要とする内容のものであった。その「第3　追悼・平和祈念施設の基本的性格」には五つの項目が盛り込まれているが、その一番目には次のように述べられている。

「この施設は、日本に近代国家が成立した明治維新以降に日本の係わった戦争における死没者、及び戦後は、日本の平和と独立を守り国の安全を保つための活動や日本の係わる国際平和のための活動における死没者を追悼し、戦争の惨禍に思いを致して不戦の誓いを新たにし、日本及び世界の平和を祈念するための国立の無宗教の施設である」（強調点は引用者）。

すなわち、「日本に近代国家が成立した明治維新以降に日本の係わった戦争における死没者」と日本側の「新たな戦死者」（戦後については日本と敵対する側は含まない）を追悼する「国立の無宗教の施設」が提言されているのである。では、ここでいう「無宗教」とは一体どのようなものであろうか。四番目の項目には次のように述べられている。

「この施設における追悼は、それ自体非常に重いものであるが、平和祈念と不可分一体のものであり、それのみが独立した目的ではない上、「死没者を悼み、死没者に思いを巡らせる」という性格のものであって、宗教施設のように対象者を「祀る」、「慰霊する」又は「鎮魂する」という性格のものではない〔以下略〕」。

ここでは、国立追悼施設が宗教施設でない所以を「祀る」「慰霊する」「鎮魂する」という性格をもたず「死没者を悼み、死没者に思いを巡らせる」施設であるからとしている。つまりは、「祀る」「慰霊」「鎮魂」という行為は宗教施設で行なわれる宗教行為だが、「平和祈念と不可分一体」となった「追悼」は宗教行為ではない、という理解である。

つづいて五番目の項目には国立施設であることから、憲法第二〇条第三項の政教分離原則にふれて「宗教性を排除」すべきとし、次のように述べる。

「これは、何人もわだかまりなく追悼・平和祈念を行うことができるようにする観点からも要請されることである」。

つまり、「宗教性を排除」した「無宗教」施設であれば、「何人もわだかまりなく追悼・平和祈念を行うことができる」はずだとされるような、いうなれば信仰などを理由に「わだかまり」をもってはならないとされるのが「無宗教」である。ここでいう「無宗教」とは信仰・信条を根拠とした拒絶を受けつけない範疇を指す言葉であるのだ。報告書はさらにつづけて次のようにいう。

「しかしながら、施設自体の宗教性を排除することがこの施設を訪れる個々人の宗教感情等まで国として否定するものでないことは言うまでもなく、各自がこの施設で自由な立場から、それぞれ望む形式で追悼・平和祈念を行うことが保障されていなければならない」（強調点は引用者）。

「無宗教」であることはさまざまな追悼の「形式」を排除するものではなく、むしろ自由な「形式」での追悼が「保障され」るべきだとする。国立施設で「追悼・平和祈念を行う」限りにおいてさまざまな「形式」を受容できるのは、これが「無宗教」であるからなのである。追悼懇のいう「無宗教」にはある種の包摂機能があるということだ。

以上から、追悼懇報告書における「無宗教」とは、①「祀る」「慰霊」「鎮魂」といった宗教行為ではない「平和祈念と不可分一体」となった「追悼」であり②信仰・信条を根拠とした拒絶を受けつけない何らかの範疇を指し③さまざまな形式を包摂することができるもの、であることが分かる。

次に、つくる会のいう「無宗教」についてみてみよう。つくる会は二〇〇二年七月に設立総会を開き、総会後に「新しい国立紀念・追悼施設の建立の考え方」と題する箇条書きの文書を当時の福田康夫官房長官に手交した。この会の主張の「目玉」である「新たな戦争の受け皿とならないものとする」ことも記されていた。この文書には施設の性格について次のように述べられている。

「特定の宗教性を持たないで、信教の自由、政教分離の原則が貫かれたものであること」。

つくる会には、本願寺派総長や同・宗会議長といった宗教者が参加していたので、ここではさすがに憚られたのか「無宗教」という言葉は用いられず、彼らの考える「無宗教」の内実であると思われる「特定の宗教性を持たない」という表現がなされている。そして、「特定の宗教性を持たない」ことで、「信教の自由、政教分離の原則が貫かれ」ると考えられている。

つづいて、次のようにもいう。

「全ての個人・団体が、何時でも、それぞれの思想、信条、信仰に基づき、その信奉する方式で追悼できるよう、公平に開放されるべきものであること」。

すなわち、「特定の宗教性を持たない」施設はさまざまな「方式」を受け入れる施設である。

以上のことから、つくる会のいう「無宗教」の施設とは①「特定の宗教性」がなく②それによって「信教の自由、政教分離の原則が貫かれ」るもので③さまざまな「方式」を受容するものである。

政府内の追悼懇と民間のつくる会の「無宗教」をめぐる言説を検討してきたが、その結果、両者に共通する次のようなことが明らかになった。

「無宗教の施設」論における「無宗教」とは、「宗教性が排除」=「特定の宗教性を持たない」ということを意味する。そして、このことは様々な宗教的な「形式」「方式」を排除するのではなく、むしろこれらを包摂するものである。そして、それによって「信教の自由」が保障されるとされる。「無宗教」であることで、「信教の自由」は侵されない、したがって、「無宗教」は「信教の自由」を根拠として批判したり拒絶したりされるようなものでなく、それに対して「わだかまり」を持ってはならない。いわば、ここでいう「無宗教」は「信教の自由」を根拠に拒否できる「宗教」の範疇ではないのである。

その範疇とは、「国家的・国民的戦没者追悼」を指す。追悼懇の報告書が「平和祈念と不可分一体」となった戦没者「追悼」は宗教行為ではないと強弁しているごとくである。

このように、「国のために死んだ者を国が追悼するのは当然」とする国家イデオロギーおよびそこから派生する施設や儀礼などの諸装置・諸システムが「特定の宗教性を持たない」ことで「無宗教」とされ、多様な「形式」「方式」を許容・包摂して「信教の自由」を標榜しつつ、これら「国家による追悼」イデオロギーを「信教の自由」の範囲外に規定して「信教の自由」にもとづく批判や拒絶の回路を閉ざそうとするのが「無宗教の施設」論である。

3 日本近代における〈非宗教〉の発見

これまで、神道非宗教論と「無宗教の施設」論における「非宗教」「無宗教」がどのようなコンテクストの中で語られ、どのような意味を付加されたのかをみてきた。まず、これを比較・検討してみよう。極めて図式的な比較であるが、次のように指摘することができるだろう。

神道非宗教論においては、「尊王」と「祖先、国家有功ノ名臣徳士ヲ祭」る神道を「非宗教」と定義した。一方、「無宗教の施設」論では「特定の宗教性を持たない」戦没者「追悼」を「無宗教」と定義している。他方で、これらはともに、「当然」のこととして理解され、それが前提とされる。そして、その実践においては唯一の方法が要求されるわけではなく、いずれも様々な「形式」「方法」を容認・包摂する。そして、このことをもって「信教の自由」が実現するとされる。このため、「信教の自由」の問題がクリアされているとされる以上、これに対する「信教の自由」を根拠とする拒否や批判の回路は、いずれの場合においても閉ざされてしまうのである。このように、歴史的背景の差異からその内容は多少異なるものの、「形式」や「信教の自由」にもとづく拒否・批判に対するありようは驚くほど似通っている。
そもそも、なぜそれぞれ別の時代にこれほどまでに類似した「非宗教」や「無宗教」という領域の設定が要請されたのであろうか。それぞれの領域が見出されてゆく、つまり「発見」されてゆく歴史的背景を考察してみたい。

まず、神道非宗教論について考えてみよう。

近代国家は基本的に世俗国家としての建前をもつ。教会と分離し世俗権力としての独立性を確保した世俗国家として欧米の近代国家は成立したのである。そして、近代国家のもとで宗教は個人の「信教の自由」という私的領域として国家はこれを保障することを標榜するようになるとともに国家権力行使からの宗教的権力の分離、すなわち西欧型の「政教分離」が原則とされた。さらに、近代国家は国民国家として、そのもとに国民が統合されている。国民は国家への心情的な帰属感によって、国家を一つの共同体とみなすようになり、国民としての一つの文化的アイデンティティであるナショナリティを形成・内面化して「自発的に」統合されているのである。他方で、近代国家は世俗国家でありながら、自らを神聖化するというある種の宗教性ももっていた。国民から常に国家の支配への「同意」や、ときには生命をも賭けた忠誠心を調達すべく、国家儀礼を行なったり、学校などで国民教育を行なったりして、殉教的な信仰共同体と類似するような宗教性を示すようになったのである。このように、近代国家は宗教権力と分離した世俗権力を起源としながら、それ自身が宗教性を帯びていく、というものであった。

十九世紀後半に誕生した日本の明治国家は、ウェスタン・インパクトに直面する中でこのような西欧近代国家をモデルとした国家建設を課題としていた。すでにみたように、神道を国教とする祭政一致を当初標榜していた明治政府は、政府内部の異議や島地黙雷ら仏教界の反発もあって次第に宗教政策を転換した。つまり、宗教的国家から世俗的国家への転換がはかられたのである。しかし、一方で国家はただ世俗的国家へと転換したわけではなかった。さきに世俗国家自身が自らを神聖化するために宗教性をもつ、と述べたが、明治国家は神道的祭祀体系をみずからに取り込むことで、これを実現しようとした。すなわち、「神国」「皇国」であることが近代日本国家の宗教性であり、そのようなものとして国家自身に祭祀性をそなえていくのである。[★13]

日本思想史研究者の安丸良夫は、明治初頭の神道国教化政策から島地らの運動を経てやがて帝国憲法の「信教の自由」へと連なる一連の流れについて「国体神学の信奉者たちとこれらの諸政策とは、国家的課題にあわせて人々の意識を編成替えするという課題を、否応ない強烈さで人々の眼前に提示してみせた。人々がこうした立場からの暴力的再編成を拒もうとするとき、そこに提示された国家的課題は、より内面化されて主体的にになわれるほかなかった。国家による国民意識の直接的な統合の企てとしてはじまった政策と運動は、人々の〝自由〟を媒介とした統合へとバトンタッチされて、神仏分離と廃仏毀釈と神道国教化政策の歴史は終った」[★14]と述べている。

すなわち、天皇を中心とする中央集権的国家の形成にあたって国民統合をいかにして実現してゆくのか、という国家的課題への対処方法として、まず平田神道系の人々などによって神道国教化が「否応ない強烈さ」をもってすすめられた。しかし、仏教界からはこのような「暴力的再編を拒もう」とする動きがおこり、世俗国家を建前とする西欧型近代国家建設との矛盾を批判する政府内部からの反発もあって、このような「暴力的再編」は挫折した。しかし、神道国教化政策の挫折は国民統合という国家的課題さえも挫折させたということを意味してはいない。この国家的課題は、「暴力的再編」としての神道国教化政策に「信教の自由」をかかげて反発した島地のような人々によって「より内面化されて主体的にになわれ」ていったのである。つまり、「尊王」「敬神」といった「三条教則」の論理は国教化された一宗教としての神道が一括して担うのではなく、これを「非宗教」とすることで「より内面化され」た国民すべてがそれぞれの「形式」によって「主体的ににな」うことを前提とし、その上で「信教の自由」を国家が認めるという「〝自由〟を媒介とした統合」を実現させる仕組みが形成された。国家による統合への自発的「同意」を調達するという近代国家のシステムとして「暴力的再編」によってではなく、統合原理たる「尊王」「敬神」を「非宗教」の範疇として公認諸宗教を共存させつつ国民にこれをさまざまな「形式」で行なわせるほうが、統治のテクノロジーとしては効率的であり、優れているといえるだろう。こうして「非宗教」は明治国家が国民統合という国家的課題に直面するなかで、政府の政策に反発する者の中から登場したものでありながら、むしろ国家的課題を「主体的ににな」うものであり、「信教の自由」を建前とする近代国家たる明治国家の宗教性を担保する概念となったのである。

4　戦後日本における〈無宗教〉の発見

一九四五年に日本は敗戦し、いわゆる神道指令によって国家神道体制は解体させられた。伊勢神宮も靖国神社も国家機関ではなく、一宗教法人とされた。そして、新たに制定された「日本国憲法」には戦争の放棄と戦力不保持を謳う第九条とともに信教の自由・政教分離を定めた第二〇条が定められた。この第二〇条は次のようなものであった。

「信教の自由は、何人に対してもこれを保障する。いかなる宗教団体も、国から特権を受け、又は政治上の権力を行使してはならない

②何人も、宗教上の行為、祝典、儀式又は行事に参加することを強制されない

③国及びその機関は、宗教教育その他いかなる宗教的活動もしてはならない」。

これらの条項は戦前・戦中の国家神道の反省に立つものであるので、本来、ここにいう「信教の自由」や「政教分離」に神道非宗教・神社非宗教の論理は入り込む余地がない。憲法以前にすでに神道・神社は法的に「宗教」とされていた。信仰の有無にかかわらず、誰もが「宗教上の行為、祝典、儀式又は行事に参加することを強制されない」、つまり国家の宗教的儀礼を拒絶することが可能となった

のである。[15] これにより日本国家はその宗教性を軍事力とともに憲法によって一旦は封印されることになった。「尊王」については第一条に象徴天皇制を規定することで、かろうじてその余地を残したものの、国家が国民に「敬神」を求めたり、国家自体が「敬神」を行なうことが明確に憲法違反とされたのである。

沖縄の軍事占領継続および安保条約と抱き合わせになったサンフランシスコ講和条約（一九五二年四月発効）により「独立」を回復した日本の保守政権は、米軍占領下で封印された日本国家のかつての宗教性をいかにして取り戻すかを模索するようになった。彼らにとって「幸い」なことに、天皇制が維持されたことで、天皇を中心に据えた国家儀礼を行なうことは可能であった。しかし、そこでも彼らは様々な局面において憲法二〇条の規定を意識せざるをえなかった。かつて天皇によって行なわれた神道式の国家祭祀を従来のままで行なうのはどうしても憲法違反の疑いを拭えない。別の方法なり論理なりを考える必要があった。とりわけ国家的戦没者慰霊システムの復活について「国のために死んだ者を国が祀るのは当然」とする国家イデオロギーを内面化した遺族や、彼らを支持基盤とする保守系国会議員たちは、靖国神社を中心とする国家的慰霊の復活を求めて運動を展開するようになった。こうして、戦後日本において政教関係をめぐる議論は、靖国神社を中心とした国家的慰霊システムの復活に対する攻防のなかで行なわれたのである。[16] その攻防の詳細な過程については、すでに田中伸尚『靖国の戦後史』（岩波新書、二〇〇二年）が資料によりながら紹介・分析しているので、こちらにゆずることにして、ここでは戦後の「無宗教」をめぐる言説にかかわる歴史の大まかな流れを確認しておきたい。

一九五一年九月の講和条約調印から間もない同年十月十八日、当時の吉田茂首相は戦後はじめて行なわれる例大祭にあわせて、閣僚や衆参両院議長とともに靖国神社を参拝した。同日の『東京新聞』社説は次のようにいう。

「すでに平和条約の調印も了り、独立国としての国民感情がだんだんとよみがえってくるにつけてもわれわれは先ず、身をていして国に殉じた人々に対し報恩の念を禁じ得ないのが当然であると思う★17」。

「独立国として」日本人はまず「身をていして国に殉じた人々に対し報恩の念を禁じ得ないのが当然」だとして吉田の靖国参拝を支持しているのである。敗戦、戦後改革を経て、政教分離が厳格に定められた新憲法下にもなお、「国のために死んだ者を国が祀るのは当然」というイデオロギーが旧態依然として戦後マス・メディアに継承され流布されつづけたことが窺える。当時の主要メディアではついにこの参拝に関して政教分離原則への抵触の問題が問われることはなかった。さらに翌五二年十月の例大祭には昭和天皇が靖国神社を参拝した。新憲法下での「象徴天皇」としての初の参拝であった。天皇の参拝はその後、一九七五年までに七回行なわれたが、天皇による参拝に対しても、五二年当時、政教分離原則への抵触が問題とされることはほとんどなかった。このようにして、戦後十年も経ないうちに政教分離原則は反故にされ、そのことが問題化することもほとんどない中で、戦後における国家と靖国神社との関係がはじまったのである。

そして、この天皇の参拝の直後から、これまで遺族の福利厚生などを求めてきた日本遺族厚生連盟（一九五三年三月から日本遺族会）が次第に靖国神社の公費による護持を要求するようになっていった。このような遺族団体の要求もあり、いわゆる「五五年体制」成立間もない一九五六年三月に与党・自民党と野党・社会党の保革二政党がそれぞれはじめて靖国を国家護持するための法案要綱を作成・発表した。法案である以上、ここでは憲法の政教分離原則が意識されていたようである。自民党は靖国の名称を「靖国○社」として「神」を「○」とすることで、宗教色を払拭しようとした。一方の社会党は名称を「靖国平和堂（仮称）」とした。いずれも靖国を「神社」でない施設とすることによって宗教色を除こうとしたものである。しかし、自民党案でいう「国事に殉じた人々」、社会党案でいう「国に殉じた国民」をそれぞれ「顕彰」するというように、〈殉国者を顕彰する〉という靖国神社の性格を維持するという点では一致していた。〈殉国者を顕彰する〉という靖国思想はそのままで神社でなければいい、という方向性である。

しかし、当事者たる靖国神社には自らを神社でなくするなどという考えは毛頭なかった。そして神社のままでの国家護持を主張して遺族会とともに自民党にはたらきかけた結果、自民党もこれをのんで国家護持法案が検討されることとなった。同時に、建国神話にもとづく「紀元節」復活の動きも神社界や右派などによって活発化していった。そしてついに、一九六六年十二月に二月十一日を「建国記念の日」とすることが定められた。この頃からかつての日本国家の宗教性の教理であった「尊王」「敬神」を本格的に戦後日本に復活させようとする動きが顕著になっていくのである。

だが、靖国神社を神社のままで国家護持しようとするには大きな壁があった。憲法の政教分離原則である。法制局は国家の関与には「憲法の範囲」での「非宗教性」が必要であるとの見解を示した。これに対する国家護持勢力の対応は靖国神社の「特殊法人」化による国家護持の企図であった。宗教法人でなければ宗教でないという論理である。靖国国家護持法案は一九六九年から一九七五年に自民党が法制化を断念するまで五回国会に提出されたが、その第二条には「靖国神社を宗教団体とする趣旨のものと解釈してはならない」と強調し、第五条は「（非宗教）」と題して「特定の教義をもち、信者の教化育成をする等宗教的活動をしてはならない」とかつての神社非宗教の論理で政教分離原則を突破しようとするものであった。

その一方で、五度目の提出となった靖国法案を審議する一九七四年五月十六日の衆議院内閣委員会で、前年に提訴された山口自衛官合祀拒否訴訟[★18]に関連した木原実委員（社会党）の「殉職者の人たちを護国神社に合祀することを、たとえばすすめる、望ましい、やりなさいというようなことになれば、これは、たいへんな憲法上の問題が出るのは、よく御認識だと思うんですね。そういう指示を出したことはございませんね」という質問への答弁の中で山中貞則防衛庁長官は職務に関連して死亡した自衛隊員の慰霊・追悼について次のように述べている。

「自衛隊といたしましては、毎年殉職隊員の出ないことを祈りますが、やはり出ますので、市ヶ谷において慰霊祭を陸海空合同で執行いたします。そして、いかなる宗教の方式にもとらわれない、新しいみたまをお祭りする儀式をやりまして、そして同駐とん地内にございます慰霊碑に自衛隊としてきちんとお祭りをして、そのとうとい犠牲に対して報いておるという措置をとっておるわけであります[★19]」。

そして、この答弁をうけて木原委員は次のように述べる。

「その点は、私も了承いたしました。ただ、私がここで念を押すようですけれども、自衛隊の意思として、防衛庁の意思として、たとえば護国神社に合祀されることが望ましい、あるいは合祀をしなさいというようなことがあれば、これはたいへんはっきりした別個の問題が出てくると思うのです[★20]」。

これをみる限り、この時点で自衛隊・防衛庁が「殉職隊員」の護国神社への合祀にかかわることは憲法上問題があるという認識が長官と委員のあいだで共有されていたようである。このやりとりの前には長官は合祀が法的には国家機関でない隊友会によって行なわれたもので、そこへの自衛隊の関与がなかったことを強調していた。その上で、それに代わるものとして、長官は市ヶ谷駐屯地内の慰霊碑[★21]で「いかなる宗教の方式にもとらわれない、新しいみたまをお祭りする儀式」が行なわれていることをあげ、これによって「そのとうとい犠牲に対して報いて」いるとし、長官を追及する委員もこれについては「私も了解しました」と答えている。つまり、護国神社への「殉職隊員」合祀への自衛隊・防衛庁の関与は憲法上問題が生じるが、「いかなる宗教の方式」でも無ければ、「そのとうとい犠牲に対して報い」る「慰霊祭」は問題がないと政府・防衛庁側でも野党側でも考えられていたのである。顕彰を基調とした「国のために死んだものを国が祀るのは当然」というイデオロギーは戦後設立された自衛隊にも確実に継承されていたのだ。ただし、そこでは政教分離を意識して、「慰霊祭」など神道的用語を残存させつつも、「形式」から特定の宗教色を払拭しようとするように努めていたのである。

他方、靖国国家護持法案は五度国会に提出されたが、宗教界を中心にこれに対する反対運動が盛り上がった。一九六九年一月の社会党大会では靖国国家護持法案反対が決議され、同年、キリスト教徒の遺族によってキリスト者遺族の会が結成、靖国からの合祀取り消しを求めた。また、多くの宗教団体が反対・抗議を表明した。ノンフィクションライターの田中伸尚はこれらの反対論を「信教の自由・政教分離原則を謳った憲法に違反する、また軍国主義の復活につながるというのが中心[★22]」だったと指摘する。このため、「国のために死んだ者を国が祀るのは当然」というイデオロギー自体が正面から問われることは皆無といってよい状況だった。なかでも浄土真宗本願寺派・真宗大谷派など真宗十派が加盟する真宗教団連合は次のような「要請」文を発した。

「「靖国神社法案」は、憲法に定める信教自由の原則にもとり、その合憲性の有無については、多分に疑問があります。戦没者の方々の遺徳を偲び、遺族感情を考えますと、むしろ宗教性を否定することによってではなく、宗教を通じて、国家護持ができるような施設形態にすべきが理想であります。「神社」という名称を用いながら、「宗教」ではないと強弁し、無宗教的な戦没者施設を造営することには、宗教者として賛意できないのであります。いかなる宗教信奉者であれ、自己の信ずる宗教に従い、礼拝し、儀礼の行い得る施設にするよう名称並びに内容の変更をすることが最良の方途であります」（真宗教団連合『靖国神社法案についての要請』一九七一年二月十八日付）[★23]。

ここでは「無宗教」を宗教そのものの排除との意味で用いている。そして、「神社」であることが靖国国家護持の問題点であると捉え、「いかなる宗教信奉者であれ、自己の信ずる宗教に従い、礼拝し、儀礼の行い得る施設」に靖国神社の「名称並びに内容の変更をすること」を提案しているのである。国家的・国民的に「戦没者の方々の遺徳を偲」ぶことを前提としながら、これを「神社」ではなく「いかなる宗教信奉者」も行なうことができる施設で行なうべきであるという、のちの「無宗教の施設」論にみられる「無宗教」言説が国家護持反対勢力たる真宗教団連合の中で「無宗教」の語を「宗教者として」忌み嫌いながら成立してくるのである。しかし、ここで主張される「無宗教の施設」は靖国神社の「名称並びに内容の変更」によって実現する、のちの「無宗教」の用法に即していうならば靖国神社の「無宗教の施設」化であった。続く一九七四年の同連合の「要請」には次のような文言があった。

「若し、国において、徒に戦争を美化することなく、痛みを以って、戦没者全般に対して、永遠に哀悼の意を表するのであれば、その施設は国民のすべてが、それぞれの信仰・信条に従って、厳粛に礼拝できるような性格のものとすべきであります」（一九七四年五月二十八日付）。

ここにいたって、あるべき国家による戦没者追悼の目的が「痛みを以って、戦没者全般に対して、永遠に哀悼の意を表する」ことであることが示される。「徒に戦争を美化する」ような追悼の目的を転換しようとする姿勢がうかがわれる。同時に「国民のすべて」が追悼することを前提とする「それぞれの信仰・信条に従って、厳粛に礼拝できるような性格」をもつ施設を求める「要請」となっている。前回の「要請」のような靖国神社を「無宗教の施設」とする内容ではなくなっているが、国家による追悼そのものを問うものでなく、「戦争を美化する」ような軍国主義的な追悼の表向きの「目的」さえ転換すればよい、という発想で全国民的な追悼がいかにして可能になるのかを宗教者の側から提案するものであった。それは多様な「信仰・信条」を包摂することで可能となる、ということである。

このように、靖国国家護持反対勢力の中で、真宗教団連合がのちの「無宗教の施設」論につらなる提案を行なった[★24]。激しく繰り広げられる靖国国家護持をめぐる攻防の中で反対勢力が示した「対案」

として「無宗教の施設」論が登場したのである。と同時に、このような「無宗教の施設」はすでに自衛隊の「慰霊碑」「慰霊祭」で採用されていた形式であった。こうして、一方で国家的・国民的戦没者追悼を政教分離原則に抵触せずに実現するための靖国国家護持反対派の「対案」として、他方で政教分離原則に触れずに戦後創設された自衛隊の「殉職隊員」を追悼する方策として、国家による追悼において特定の宗教によらない方式、ないしはさまざまな方式が包摂されるという「無宗教」という領域が見出されてくるのである。★25

靖国国家護持法案は五回目の廃案で自民党は再提出をあきらめ、首相による靖国神社「公式参拝」を目指すようになったが、ここでも憲法の政教分離原則が問題となった。結局、一九八五年八月十五日に行なわれた中曽根康弘首相による「公式参拝」では神道式の参拝形式をとらず、玉串料でなく供花料の実費を公費で支出することでこれをクリアしようとした。だが、アジア諸国、とりわけ中国・韓国の政府・国民から激しい反発を招き、一方の国内ではこの「公式参拝」に対する違憲訴訟が提起された。このような内外の反発を前に、「公式参拝」は一度のみで頓挫させられたのである。しかし、その後時を経て、小泉純一郎が登場し、「公式参拝」を明言しないまま靖国参拝をくり返しつつ、一方で国立追悼施設を政府内部で検討するようになった。さらに追悼施設を推進する一部の宗教者もあらわれ、政府追悼懇とともに「無宗教の施設」論を展開したことはすでにみたとおりである。

5 〈非宗教／無宗教〉のポリティクス

これまでの考察から、「非宗教」や「無宗教」という言葉がそれぞれの時代における政教関係をめぐる言説抗争の過程で「発見」された、歴史的かつ政治的に構築された概念であることが確認できた。子安宣邦は「「宗教」が何か、「神道」が何かとは、辞書的な概念構成によって作り出されるのではない。近代の政教関係をめぐって相互に主張し、抗争する言説が作り出していくのである」[★26]と述べているが、ここでいう「宗教」とは宗教で無いもの、すなわち「非宗教」の範疇以外のものを指すのである。政教分離をめぐる言説抗争において「非宗教」ないしは「無宗教」が政治的に「宗教」を規定するプロセスと表裏一体となって発見されるとともに、政治的に規定された「宗教」はその下位を占め、これに包摂され、従属する概念となる。具体的に言うと、「尊王」「敬神」を教義とする「非宗教」たる神道（国家神道）はさまざまな「宗教」の「方式」をみずからの下位に属するものとしつつ包摂し、「国民道徳」として従属させた。一方の戦後の「無宗教」もさまざまな「方式」（信仰のみならず信条さえも！）を包摂しつつ、「誰もが」「わだかまりなく」という言説をつうじて従属させるのである。そして、ここで言う「非宗教」も「無宗教」も決して私的なものではなく、国家あるいは国民の領域に属するものである。両者は近代国家日本が、近代国家としての世俗性を担保する理念としての政教分離と、国家の宗教性とが葛藤する中で、発見されたのであるが、国家にとってこれはどういう意味をもつのであろうか。

マックス・ヴェーバーは近代国家を次のように規定する。


「国家とは、ある一定の領域の内部で——この「領域」という点が特徴なのだが——正当な物理的暴力行使の独占を（実効的に）要求する人間共同体である[★27]」。

「国家も、それに先行する政治団体も、正当な《レギティーム》（正当なものとみなされている、という意味だが）暴力行使という手段に支えられた、人間の人間に対する支配関係である[★28]」。


ヴェーバーによれば国家は「暴力行使という手段に支えられ」ているものであるが、これは「正当」とみなされる「暴力行使」であり、国家はそれを独占するという。国家は「ある一定の領域の内部で」「正当な暴力行使」ができる唯一の政治団体であり、「暴力行使」によって「支配関係」を実現しているのである。そしてこのような「暴力行使の独占」は「現代に特有な現象[★29]」だとする。

したがって、国家を支えている「暴力行使」という手段がつねに「正当な」ものであるということが示されなければ、国家はその「支配関係」を再生産することが困難になるのである。ここでいう国家暴力の正当性に国家の構成員が「同意」するには二つの要素が考えられる。一つは、そこで行使される個々の「暴力」それ自体の正当性への「同意」である。例えば、殺人容疑者を警察が拘束する、という国家暴力の行使は比較的その正当性への「同意」は得やすい。だが拘束された人物が冤罪であると分かるやいなや、その「同意」は崩れる。警察による拘束という国家暴力の行使が、この個別的ケースにおいて構成員にとって正当性を認めるに至らないからである。もう一つは暴力行使の主体たる国家の正当性への「同意」である。正当な統治主体であるという構成員の「同意」なしに円滑な「暴力行使」は困難となるので、これを調達する必要があるのである。しかし、いずれにせよ、国家の「暴力行使」への「同意」は必ずしも客観的に正当性をもたずともこれを調達できる。「正当なものとみなされていい」ればよいからだ。その際に「同意」を調達するのに必要な正当性を構成員に認識させるのは国家暴力それ自身によってではなくイデオロギーによってである。

明治維新期に示された「尊王」「敬神」などは「神国」「皇国」として近代天皇制国家そのものの正当性を構成員に認識させようとするイデオロギーである。アルチュセールはいう。

「イデオロギーの中では、諸個人の存在を統制する現実の諸関係が表象されているのではなく、諸個人と、彼らがそのもとで生きる現実的諸関係との想像上の関係が表象されているのである[★30]」。

アルチュセールのいうイデオロギーの特質のごとく、「尊王」「敬神」のイデオロギーは天皇制国家とその構成員の「現実の諸関係」ではなく「神話」にもとづく、まさに「想像上の関係が表象され」たものである。また、「無宗教の施設」論では「国民のすべてが、それぞれの信仰・信条に従って、厳粛に礼拝」するという、国民的「哀悼」共同体という「想像上の関係が表象されている」のである。さらにアルチュセールはイデオロギーの特性を次のように規定する。

「《明証性》はひとつのイデオロギー的効果であり、それも基本的なイデオロギーの効果である。われわれが認めざるをえないような明証性を、そしてそれを、前にしてわれわれが（大声で、あるいは《意識の沈黙》の中で）《これは明白だ！　まさにそうなのだ！　これは本当だ！》と叫ぶような不可避かつ自然な反応をするような明証性を、明証性として信じこませる（信じこませるふりをすることはない、なぜならこれは明証性なのだから）ことは、じっさいイデオロギーの特性である。

こうした反応の中で、〔中略〕イデオロギー的再認（その反対は誤認《メコネサンス》なのだが）の機能が作動している」★31。

すなわち、アルチュセールによれば、イデオロギーとはその内容が「想像上の関係」であるにもかかわらず、それが現実であるかのごとくその「明証性を、明証性として信じこませる」ものなのである。神道非宗教論の場合で言えば、「尊王」や「敬神」は「臣民タルノ義務」＝当然のこととし、他方、「無宗教の施設」論では「国のために死んだ者を国が祀るのは当然」として、これらの「明証性を、明証性として」誰もが受け入れるべきものとなるのである。ここでは、国家は「皇国」「神国」を、あるいは国民的「哀悼」共同体を体現しているかのように「信じこませる」ことによって国家それ自身の正当性、さらにはその国家による「暴力行使」の正当性を獲得することが可能となる。

このように、神道非宗教論も「無宗教の施設」論も独占的な「暴力行使」をその本質とする国家の〈国家装置〉を基礎として機能する、〈国家のイデオロギー装置〉によって広められるイデオロギーにほかならない。これにより、新生近代天皇制国家の「暴力行使」が「正当な」ものであることが、あるいは戦後日本国家の「暴力行使」が過去の不当な「暴力行使」から分離された「正当な」ものであることが「明証性」をもって受け入れられるようになるのだ。もう少し、具体的に説明しよう。民衆はなぜ、近代天皇制国家に服従し、時には国家の暴力行使たる戦争に徴集されなくてはならないか？「宗教」を超えて誰もが「尊王」「敬神」を実践しなければならないか？それはその国家が「皇国」「神国」であり民衆はその「臣民」であるからだ。そしてこのことはそれ以上の説明を要しない（とされる）。戦死者は宗教や信条を超えてなぜ、国民的に追悼されなくてはならないのか？それは「国のために死んだ者を国が祀るのは当然」でわれわれは「国民」だからである。ここでもそれ以上の説明は要しない（とされる）。前者はこれによって、天皇制国家への「同意」を再生産し、後者は国家的・国民的追悼儀礼を行なう国家への「同意」を再生産する。かくして国家はその宗教性を発揮しつつ「正当な暴力行使」を可能とするのである。いずれの言説も、政府の（「国家の」ではない）方針に反対する側から出された提案であったのにもかかわらず——同時に「だからこそ」とも言いうるのだが——、かえってより広範な構成員からの「同意」を引き出すイデオロギーとなっていくのである。

このように言えば、「非戦の誓い」などを強調する立場に立って国立追悼施設建設に賛同する人々から次のような声が聞こえてくるかもしれない。「国家を暴力という側面でのみ捉えてはならないのではないか、国家には福祉向上を目的としている側面もある」「国家は必ずしも悪であると限らない」と。この問題について考えてみよう。ヴェーバーは国家をその「目的」でなく「手段」たる「正当な暴力行使」という面から規定するが、それは次のような理由からである。

「国家も含めて、政治団体というものは、その団体的行為の「目的」を挙げて定義することは出来ない。なぜなら、食料の供給から芸術の保護に至るまで、政治団体が追求しなかった目的はないし、また、人身保護から判決に至るまで、すべての政治団体が追求した目的というものもないからである[★32]」。

つまり、国家は「目的」では規定し得ない、というのである。国家の本質を論じるには[★33]、あくまで「目的」ではなく、その「手段」たる「暴力行使」の問題として論じるのが妥当なのだ。したがって、その「目的」が「戦争賛美」だろうが「英霊顕彰」だろうが「哀悼」だろうが「非戦の誓い」だろうが、国家による追悼はその「目的」の如何を問わず、国家が「手段」とする「正当な暴力行使」という面からこそ本質的に語りうるのだ。その「正当な暴力行使」を否定する施設建設を国家が行なうのは自己矛盾でしかなく、空想はできたとしても現実的にはあり得ないのである[★34]。

国家が「手段」（＝暴力行使）を用いて何らかの「目的」を実現しようとする時、国家はこの「目的」の「正当な」ことを国家のイデオロギー装置により構成員に内面化させることで「同意」を調達しつつ、実現を妨害するものに対してはさらに「暴力行使」することもあるのだ。とりわけ、国家の暴力性の象徴ともいえる軍事力行使について国家はその「同意」調達を必要とする。それはその構成員に人的・物的な「犠牲」を求めるからである。そこで「国のために死んだ者を国が祀るのは当然だ」というイデオロギーが登場する。中曽根首相は靖国「公式参拝」の前月、次のような発言をしている。

「米国にはアーリントンがあり、ソ連にも、あるいは外国に行っても無名戦士の墓があるなど、国のために倒れた人に対して国民が感謝をささげる場所はある。これは当然なことであり、さもなくして、だれが国に命をささげるか[★35]」。

「国に命をささげ」させるために「国のために倒れた人に対して国民が感謝をささげる場所」が世界各国にあるという中曽根の言葉は、「国のために死んだ者を国が祀るのは当然」というイデオロギーが国家にとってどのような意味を持つかを明確に示すものである。中曽根はその「場所」として靖国神社を選んだのだ。しかし、この問題は「無宗教の施設」であったところで解決するものではない[★36]。靖国問題が再燃したのが小泉政権においてであったのは、単なる偶然ではない。有事法を整備し、「人的貢献」をとなえて戦地派兵をすすめるこの政権が、戦死者の国家的慰霊・追悼に本腰を入れようとしたのは当然であったといえよう。

このような中で語られる「無宗教」は、国家的・国民的追悼への拒絶や反対を排除する、という排除・抑圧の根拠となる。「無宗教」であるがゆえに（なぜならそれは「無宗教」であるから）「信教の自由」を根拠にして、その施設や儀礼に反対することは筋違いとされる。「無宗教」＝「国家による追悼」イデオロギーが「信教の自由」を根拠とした批判を拒絶するものであることは何も追悼懇やつくる会ばかりではなく、追悼施設建設推進論を主張する宗教者個人からも窺える。たとえば、浄土真宗本願寺派の池田行信は「《国権の発動による戦死者を追悼する》という、プライベートでありつつ、パブリックでもあり、かつポリティカルなテーマに対して充分に対応できていない」としつつ、宗教者は同時に「国民」であるのだという前提に立って「戦没者追悼のコンセンサス作りの視座から」従来の本願寺派における「信教の自由」を問いなおす、という議論を展開しようとしている。★37 つまり、「信教の自由」から戦没者追悼を問うのではなく、逆に「信教の自由」が「戦没者追悼のコンセンサス作りの視座から」構成されるものとなるのである。「無宗教」とされる範疇があり、それに従属する形で「信教の自由」の内容が規定される、ということだ。だから「無宗教」の要請に「充分に対応」できない「信教の自由」の理念は再構成されなくてはならない。かくして、国家の宗教性の表象形態たる戦没者追悼儀礼は「信教の自由」に対する優越性を獲得し、「信仰・信条を超えて」国民を統合する国家の宗教性の実現を可能とするのである。

まとめ

帝国憲法期に国家神道が「非宗教」とされることで、「宗教」に対する優越性を確保したのと同様、戦後の「無宗教の施設」論もまた、「無宗教」が「宗教」に対する優越性を確保することができるものである。「非宗教」も「無宗教」も「信教の自由」と政教関係をめぐる言説抗争のなかから登場した「〝自由〟を媒介とした統合」（安丸）の原理的根拠である。国家の「暴力行使」が「正当な」ものであることを確認する国家の宗教性の表象[★38]＝「宗教上の儀礼」（憲法第二〇条二項、ここでは「特定の宗教上」ではなくただ「宗教上」といわれている）であるものが〈非宗教／無宗教〉とされることで、「信教の自由」を根拠に拒否したり反対したりすることを受けつけないようにし、他方でさまざまな「方式」や「信仰・信条」を包摂することで、国家の「暴力行使」に対するより広範な「同意」を調達することを可能にする。〈非宗教／無宗教〉はこのような包摂／排除の論理の基礎となっているのである。

〈非宗教／無宗教〉は近現代において「発見」され、さまざまな現実の諸関係によって構成される言説によってその範囲が規定されてきた。このようにして、政教分離を建前とする世俗国家としての日本国家がみずからの宗教性を発揮してその「暴力行使」の「正当さ」を認識せしめながら国民統合を実現する、統治のテクノロジーとして見出された概念が「非宗教」であり「無宗教」であるのだ。

【注】
(1)二葉憲香、福島寛隆編『島地黙雷全集』一、本願寺出版協会、一九七三年、一五頁。
(2)『島地黙雷全集』一、一六頁。
(3)島地は「教部失体管見」で、ここでいう「教」「政」をそれぞれ「宗教」「治教」と呼んでいる(『島地黙雷全集』一、四一頁)。彼は外来の概念であるReligionの意味で「宗教」の語を先駆的に用いた一人であった。
(4)『島地黙雷全集』一、二〇頁。
(5)同前書、三七六頁。
(6)同前。
(7)同前書、三八頁。
(8)同前書、一八頁。
(9)同前書、一九頁。
(10)同前書、三八五頁。
(11)同前書、六五頁。
(12)「新しい国立紀念・追悼施設の建立の考え方」二〇〇二年七月三〇日。田中伸尚編『国立追悼施設を考える――「国のための死」をくり返さないために』樹花舎、二〇〇三年、一五〇頁所収。
(13)子安宣邦『国家と祭祀――国家神道の現在』青土社、二〇〇四年、一二四―一二五頁。
(14)安丸良夫『神々の明治維新――神仏分離と廃仏毀釈』岩波新書、一九七九年、二一〇―二一一頁。
(15)西欧型の「国家と教会の分離」でなく「国家と宗教の分離」となっていることが注目される。

(16)このほか、本稿では十分に言及できなかったが、津地鎮祭訴訟をはじめとした国や地方自治体、あるいは自治会と神道行事や神社とのかかわりをめぐる政教分離訴訟もこれらの議論に影響を与えた。これについては、田中伸尚『政教分離——地鎮祭から玉串料まで』岩波ブックレット、一九九七年参照。

(17)『東京新聞』一九五一年十月十八日付、社説。

(18)クリスチャンである中谷康子は自衛官で公務死した夫が中谷の意向を無視して山口県護国神社に合祀されたことに対し、その取り消しを求めて一九七三年一月二十二日に国と隊友会を被告として山口地裁に提訴した。

(19)『新編　靖国神社問題資料集』国立国会図書館、二〇〇七年、五四九頁。

(20)同前。

(21)市ヶ谷駐屯地は現在、防衛省となっている。この慰霊碑は二〇〇三年九月に「メモリアルゾーン」として整備された。イラク派兵が閣議決定された同年十二月に陸上幕僚監部(陸幕)は戦死者が出た場合の儀式を準備し、防衛庁(当時)「メモリアルゾーン」を開放して一般国民も弔意を表わせるように記帳台を設置する案を固めた。先崎一陸上幕僚長(当時)は「死者が出たら組織が動揺して収拾がつかなくなる。万一に備えて検討を始めたら覚悟ができた。国が決めたイラク派遣。隊員の死には当然、国が責任を持つべきだと考えた」と言っている。『東京新聞』二〇〇七年一月十日付。すでにこのような施設があるので、つくる会のいうような「新たな戦死者の受け皿にはしない」新施設をつくっても、「新たな戦死者」については陸幕の案のように「メモリアルゾーン」で儀式を行ない、国民に開放すればすむのである。

(22)田中伸尚『靖国の戦後史』岩波新書、二〇〇二年、一一一頁。

（23）真宗教団連合ホームページ「要請文一覧」http://www.shin.gr.jp/kyodan/yosei/yindex.html. 以下の真宗教団連合の要請文はすべて同ホームページによる。最終アクセス日＝二〇一〇年四月十九日。

（24）ほかに同連合加盟教団の浄土真宗本願寺派も一九八三年まで同様の「要請」をしている。

（25）さらに一九七七年七月の津地鎮祭最高裁判決では神式地鎮祭を「一般的慣習に従った儀礼」として、特定の宗教を助長したり圧迫したりするものでなければ宗教的活動にあたらないとする米国型政教分離の「目的効果基準」を適用して合憲と判断した。神道儀礼である地鎮祭を憲法で公的機関との関わりを禁ずる宗教行為の範囲から除外するこの判決は戦前の「神道非宗教」論に通じるもので、「無宗教」の範囲をおおいに広げてしまう可能性をもつものである。

（26）子安前掲『国家と祭祀』、一五七頁。

（27）マックス・ヴェーバー（脇圭平訳）『職業としての政治』岩波文庫、一九八〇年、九頁。強調点は原文。

（28）同前書、一〇頁。強調点は原文。

（29）同前書、一〇頁。

（30）ルイ・アルチュセール（柳内隆訳）「イデオロギーと国家のイデオロギー装置」、ルイ・アルチュセール・柳内隆・山本哲士『アルチュセールの〈イデオロギー〉論』三交社、一九九三年所収、七〇—七一頁。強調点は引用者。

（31）同前書、八三—八四頁。

（32）マックス・ヴェーバー（清水幾太郎訳）『社会学の根本概念』岩波文庫、一九七二年、八九頁。

（33）なぜ「本質」かといえば、これは国家の宗教性という国家の本質にかかわる議論だからである。国家祭祀や国家による追悼のような国家の宗教性にかかわる議論は、単なる「ハウ・ツー」やその「目的」

の善し悪しを語るような政策論的な議論ですませる問題ではないだろう。

(34)それどころか、「無宗教」の政府主催戦没者追悼式典で「二度とこのようなことがないように」と口にしながら戦地派兵を行なうことが可能なことを小泉首相はわれわれに見せつけた。半世紀以上、日本各地で戦没者に対する「無宗教」の公的追悼儀礼が行なわれ「非戦の誓い」が政府要人や自治体の首長によってくり返されてきた。だが、このような追悼儀礼をもって有事法整備や、イラク派兵を押しとどめることができなかったことは、すでに歴史的事実であり、教訓とすべきことがらであろう。

(35)一九八五年七月の自民党軽井沢セミナーでの中曽根首相の特別講演より。『自由新報』一九八五年八月十三日付。

(36)一九八三年まで別施設の建設を「要請」してきた真宗教団はこれ以降、前述の「つくる会」参加により本願寺派が再び「要請」するまで、別施設を「要請」することはなくなった。

(37)池田行信「「信教の自由」と戦没者追悼」、菅原伸郎編『戦争と追悼——靖国問題への提言』八朔社、二〇〇三年所収、一四三頁。この池田の論考をはじめ、同書の問題点についてはすでに菱木政晴「〈特定の宗教と結びつかない追悼施設〉は可能か」、田中編前掲『国立追悼施設を考える』所収、で批判されているので参照されたい。

(38)これは過去に対する一定の「反省」を盛り込んだ施設・儀礼でも同様である。ドイツの事例にふれた本書所収の米沢論文が参考になると思うが、過去への「反省」をつうじて、過去の不当な「暴力行使」から分離された現在の国家による戦争を肯定すること、あるいはこれへの構成員や国際社会の「同意」の調達がより容易となるからである。派兵国家化する日独両国にとってこの問題は不可避であろう。

【主要参考文献】

国立国会図書館（2007）『新編　靖国神社問題資料集』国立国会図書館
子安宣邦（2004）『国家と祭祀――国家神道の現在』青土社
菅原伸郎編（2003）『戦争と追悼――靖国問題への提言』八朔社
田中伸尚（2002）『靖国の戦後史』岩波新書
田中伸尚編（2003）『国立追悼施設を考える――「国のための死」をくり返さないために』樹花舎
二葉憲香、福島寛隆編（1973）『島地黙雷全集』一、本願寺出版協会
安丸良夫（1979）『神々の明治維新――神仏分離と廃仏毀釈』岩波新書
ルイ・アルチュセール（1993）「イデオロギーと国家のイデオロギー装置」柳内隆訳、ルイ・アルチュセール・柳内隆・山本哲士『アルチュセールの〈イデオロギー〉論』三交社
マックス・ヴェーバー（1972）『社会学の根本概念』清水幾太郎訳、岩波文庫
マックス・ヴェーバー（1980）『職業としての政治』脇圭平訳、岩波文庫

第3章…ドイツにおける国家と追悼

ノイエ・ヴァッヘはドイツの「過去の克服」に何をもたらしたか

米沢薫

はじめに

ドイツ統一から二年を経た一九九三年十一月「国民追悼」の日に、「戦争と暴力支配の犠牲者のため」」の中央記念館、ノイエ・ヴァッへは厳戒態勢の中で除幕式を迎えた。激しい野次と怒号の中、ノイエ・ヴァッへの内部に置かれたケーテ・コルヴィッツの彫刻「ピエタ——死せる息子を抱く母」の前には、ドイツ連邦議会議長、連邦参議院議長、憲法裁判所長官、連邦首相（ヘルムート・コール）、連邦大統領（リヒャルト・フォン・ヴァイツゼッカー）によって最初の花環が捧げられた。

ドイツ連邦共和国はここに初めて、「国家」の名によって遂行された企てにおいて死に至った「犠牲者」を想起する唯一の中央施設を首都ベルリンの中心に持つことになった。しかしこの施設は設立までの過程で、そして何より完成後に大きな論争を引き起こし、ドイツの「過去の克復」をめぐる議論や実践に多大な影響を与えた。

本稿はこの論争の経緯とその後の展開を辿ることによって、「国家追悼」というものが根本的に内包している困難な問題に迫ることを企図する。

ここで根本的に問われるべき問題は次の二点である。

国家の組織的企ての結果として生じた膨大な「犠牲者」に対して、国家による「追悼」というものが一体どのように「適切に」あり得るのか。

国家追悼や個人追悼とは異なる、戦争「犠牲者」の共同想起の可能性はどのようなものとして考えられるのか。

第二次世界大戦の体験を持たず、またその犠牲者を生前に直接知ることのなかった世代によって行なわれる戦争「犠牲者」の追悼は、どのように意味あるものとして成立するのか。それは「過去の克復」という問題において現代が直面している重要な課題の一つであるといえるであろう。本稿はその問題への接近の方法を模索する一つの試みである。

1　ノイエ・ヴァッへ設立の前史——東西ドイツにおける戦死者の追悼の問題

一九九〇年の統一まで、第二次大戦の死者の国家追悼は東西ドイツで大きく異なっていた。両国の歴史の捉え方とそれに基づく自己理解の根本的な隔たりが、戦争犠牲者の位置づけにおいて典型的に表れるからである。

ノイエ・ヴァッへ論争を理解するためには、第一にこの論争が直接的に継承した西ドイツの国家追悼の議論を辿ることが不可欠である。その際、特に重点がおかれるのはノイエ・ヴァッへ設立の前史となる議論とまた設立前後の論争が行なわれた、ドイツ統一を間に挟んで四期・十六年間続いたヘルムート・コールの連立保守政権（一九八二年—一九九六年）の時代である。

ノイエ・ヴァッヘ（左）とドイツ歴史博物館。

そこで具体的に問われるのは次の二つの問題である。西ドイツは戦後一貫して「犠牲者」の国立中央追悼施設の設立を模索しながら、なぜそれは困難を極めたのか。コール政権は統一後、ノイエ・ヴァッヘへの設立を急務の課題とし、それはなぜ、短期間で実現したのか。

一方、東ドイツにおける犠牲者の国家儀礼は、統一ドイツにおいては国家レベルでは完全に消失し、一部の儀礼が東ドイツ社会主義統一党を後継した政党（現在の名称は左派党）によって受け継がれているだけである。しかしノイエ・ヴァッヘという建造物自体は、東ドイツの首都ベルリンの中心にあり、東ドイツ時代、国家追悼儀礼施設として用いられてきた。統一ドイツによるノイエ・ヴァッヘへの設立とは、東ドイツが戦後改築したノイエ・

ヴァッへの再改築、そして国家儀礼の再改訂ということができる。

(1) 西ドイツにおける戦没者の国家儀礼

「国民追悼の日」の制定(一九五二年)から一九八〇年代半ばまで

現在のドイツの国家追悼儀礼の伝統は、第一次世界大戦のドイツ人戦没者を追悼するために一九一九年に制定された「国民追悼の日」に遡ることができる。「国民追悼の日」はその大戦でのドイツ戦死者の軍人墓地の設立や整備を主たる活動として同年設立された「国民同盟ドイツ戦没者墓地管理団体」[★1]の主導によって導入されたものである。制定以来、この日には毎年、第一次大戦戦没者の追悼式典が行なわれてきたが、ナチスの時代に入ってから、その名称は「英雄の日」に変えられ、戦死者の栄誉を称える国家的祝日として、盛大な式典が執り行なわれるようになった[★2]。

第二次世界大戦後、西ドイツでは「ドイツ戦没者墓地管理団体」の働きかけによって一九五〇年、「国民追悼の日」は再生され、「戦争と暴力支配の犠牲者」を追悼する日となった。この「戦争」は二つの世界大戦を、そして「暴力支配」はナチス政権を指している。一九五二年以降、キリスト教の降誕説の二週間前(十一月)の日曜日が正式に「国民追悼の日」と定められ、現在に至っている[★3]。この日、ドイツの連邦議会堂では「戦争と暴力支配の犠牲者」のための追悼式典が行なわれ、戦没者墓地管理団体はそこで今もなお大きな役割を担っている。ドイツの三権の長によってノイエ・ヴァッへに花環が捧げられるのが、ドイツの第二次大戦の終戦記念日（五月八日）とこの国民追悼の日である。

西ドイツはその後、国家追悼記念碑を首都ボンに求め、一九六四年にはボン大学に接する大きな公園の一画に、犠牲者のための記念板がつくられた。そこに刻まれたのは、戦後、国民追悼の日に掲げられてきた「戦争と暴力支配の犠牲者のために」という言葉である。しかしこの除幕式の日、「暴力支配の犠牲者」には新たな犠牲者が加えられることになった。それは一九五三年六月十七日、東ベルリンで起こった大規模な労働者蜂起でソ連軍の戦車等によって圧殺された東ドイツ人犠牲者である。西ドイツはこの事件が起こった一か月後にブランデンブルク門を挟む、ウンター・デン・リンデンの延長にある西側の幹線道路を「六月十七日通り」と改名し、その翌年には六月十七日を、この犠牲者の想起とドイツ統一を希求する「ドイツ統一記念日」★4に制定している。

西ドイツがこの六月十七日の記念日に「戦争と暴力支配の犠牲者のために」の記念板の除幕式を行なったことは、この碑の追悼の対象に一九六四年の東ドイツ人犠牲者を加えたことを内外に対してはっきりと示すものであった。この日、西ドイツ大統領テオドア・ホイスによって最初の花環がこの記念板に捧げられた。

その後、この記念板は国家追悼儀式に用いられてきたが、その場所にそれを定着させることはできなかった。記念板の置かれている公園はボン大学と接しており、ほとんど大学キャンパスのような機能を果たしていたため、特に六〇年代終わりから七〇年代には学生集会が開かれる場所ともなったからである。

一九八〇年、記念板はボンの北墓地に移され、そこでは背後に大きな木の十字架が立てられた。[★5]しかしこの場所もまた国家追悼の場として不適切とみなされた。小さな工場や駐車場に囲まれた環境や、式典参加者が周りの墓地にも踏み入るほどその場所が狭いためである。こうした状況の中で適切な中央追悼施設設立を求める声は高まっていった。[★6]

以上の経緯から明確になるのは、戦後の西ドイツの国家追悼は、第一次世界大戦終結直後に始まった国民追悼の伝統を継承し、自国の犠牲者を中心にするという根本的性格をそのまま受け継いだということである。

第二次大戦後、「暴力支配の犠牲者」が追悼の対象として新たに加えられたが、その中心となるはずの異なる文化をもつ膨大な犠牲者、ユダヤ人やシンティー・ロマは実際には意識に上っていない。そのことはキリスト教の象徴「十字架」で記念板を無造作に飾ることにおいて明白に表れている。また東ドイツの犠牲者を、ホロコーストの犠牲者と同じカテゴリーに加えたことも同様である。ナチスと東ドイツは「暴力支配」というカテゴリーで同等に扱い得るものか。東ドイツとホロコーストの犠牲者はそこで一つに括られ得るものか。膨大な非ドイツ人犠牲者は、「同胞」に比べて蔑ろにされている。

犠牲者の国家追悼におけるこの名目と実態との乖離は、後に起こるさまざまな出来事の中で次第に論争の焦点として表面に表われることになる。

ビットブルク事件（一九八五年）とその後の展開

国家追悼の問題をめぐって、マスコミや世論を巻き込む激しい論争に発展し、後に大きな影響を与えたのが、ビットブルク事件である。概要は次の通りである。

一九八五年、「終戦四十年周年の記念式典」（五月八日）に出席するために、アメリカ大統領レーガンがドイツを訪れた。その際、コールは自らの出身地ファインハルト＝プフェレ州にあるビットブルクの軍人墓地にレーガンを招き、戦死者の墓に一緒に花環を捧げるという式典を計画した。これはその前年、フランス大統領ミッテランが、第一次世界大戦勃発七十年の記念式典の一環として、コールをフランスの軍人墓地に招待して行なった「和解」の政治的セレモニーをモデルにしたものである。ドイツとフランスの激しい戦闘で、双方併せて何十万という犠牲者を出した「ヴェルダンの戦い」の戦場跡の軍人墓地で、ミッテランとコールは並び立ち、固く手を繋いだ。

アメリカ大統領の間でこれと全く同じことを企てようとしたコールは、ナチス・ドイツの犯罪を、第一次大戦と全く同等に扱い得る問題として捉えていたといえるであろう。この計画が事前に公になってから、特にアメリカの政治家、米独のマスコミ、とりわけユダヤ人を初めとするホロコーストの犠牲者の団体、人権団体から激しい批判が起こった。この墓地にはドイツ国防軍の兵士だけではなく、ナチスの武装親衛隊四九人[★7]が埋葬されていたからである。その中には当時、占領下のフランスのある村で起こった一般市民の虐殺に関与した者も含まれていた。[★8] 米国内から激しく沸き上がってきた批判に対してレーガンが、ナチスの親衛隊の若者もアメリカ人と同様、またヒトラーの犠牲者の一人だと答えたことによって、更に非難は高まった。計画は結局、変更を余儀なくされ、レーガンとコールの訪問先には新たにベルゲン＝ベーゼンの強制収容所が加えられ、そこにも花環が捧げられることになる。しかし墓地でのコールとの「和解」の儀式はされることはなく、大幅に短縮された。[★9]

ドイツ大統領リヒャルト・ヴァイツゼッカーが戦後四十年記念式典の記念演説を行なった[★10]のは、コールとレーガンがビットブルクの墓地を訪れた四日後のことであった。想起の重要性を訴えたこの演説は、ただちに世界に伝えられ、後に多くの外国語に翻訳された。ドイツ国内でも大きな反響を招き、ドイツの「過去の克復」の議論や共同想起の営みにおいて今日に至るまで影響を与えている。

一か月近く続いていたビットブルク論争がこの演説にどのような具体的影響を与えたのかはさだかではないが、しかしこの演説は、その後の国家追悼儀礼をめぐる議論において決定的な役割を果たした。それはヴァイツゼッカーがその中で第二次世界大戦の犠牲者のグループを一つ一つ具体的に挙げていった箇所が、議論の焦点となっていったからである。この「犠牲者の名指し」[★11]は、その後国家追悼施設の碑文として野党によって繰り返し提案され、与党はそれを拒否し続けた。

この「名指し」も後には、誰が誰を犠牲にしたのかという視点が欠落した「犠牲者の平準化」として批判されることになるが、それが論争の焦点になるのは一九九〇年代半ばになってのことである。

ビットブルク事件とヴァイツゼッカーの演説の翌年一九八六年四月、これらの影響を受けて、連邦議会で初めて国家追悼のための中央記念館設立の問題が議論された。その背景にはドイツ戦没者墓地管理団体を初めとして、ドイツ故郷追放者同盟、ドイツ軍人同盟等、ドイツ軍兵士やドイツ人犠牲者遺族を代表する組織の活動がある。それらの団体は一貫して、ドイツ人犠牲者に捧げられる国立追悼施設を政府に対して求め続けてきた。★12

連邦議会での議論で中心となったのは追悼施設設立の可否ではなく、その施設で誰を追悼すべきか、という問題である。与党連立保守政権は、死においては全ての人間は平等であり、また罪があるか、ないかによって自国民を分けるべきではないとして、「犠牲者」に区別をつけないことを主張した。野党はこれに対して、個々の犠牲者の差異化を無視した追悼はあり得ないとして反対した。★13また社民党と緑の党は「戦争と暴力支配の犠牲者」という碑文の代わりに、ヴァイツゼッカーの演説の犠牲者の名指しを用いることを求めたが、与党はこれを拒否し、国立中央記念碑は、主としてドイツ人の死者に捧げられるべきであることを主張した。★14この議論は結局平行線を辿るだけで、「犠牲者」の問題について根本的に掘り下げられることはなかった。こうして国立追悼記念碑の設立問題は、結局、ドイツ統一の後に引き継がれることになる。

以上、国民追悼の日の導入から、ビットブルク事件を経て、連邦議会での議論に至る西ドイツの国家追悼の流れを概観したが、その後の国家追悼の問題において焦点となる重要な論点を三つ挙げておく。

第一は、ビットブルク論争において公の場で初めて焦点があてられた、追悼対象における「犠牲者」と「加害者」の対立という問題である。それまでも国民追悼の日に「戦争と暴力支配の犠牲者」のために国家追悼儀礼は行なわれ、国家の代表者によって犠牲者に花環が捧げ続けられてきた。しかし「犠牲者」とは具体的に誰を指すのか、誰がそこで追悼されているのかということについて徹底的に議論が行なわれることはなかった。ナチス親衛隊が埋葬されている墓地で政治的に「和解」を演出するということが、特にホロコーストの犠牲者にとってどういう意味を持つのかということについてコールが事前に何の認識も持っていなかったということは、戦後の西ドイツの国家追悼が、ドイツ人の死者を一括して追悼対象とし、非ドイツ人犠牲者に対する認識を欠落させたまま行なわれてきたことをはっきり示すものである。

もともと第二次大戦後に、それまでの国家追悼の枠組みを全く見直すことなく、第一次大戦後の伝統をそのまま継承したことに根本的な問題がある。機械的、組織的、計画的にただ一方的に虐殺されていったホロコーストの犠牲者は、戦死者、戦没者とはいえない。そのために「暴力支配」の犠牲者という新たなカテゴリーが第二次大戦後につくられた。しかしその人々を虐殺した加害者は一体誰なのか。「戦争の犠牲者」とその「加害者」は、(部分的に)重なっている。

「犠牲者」と深い断絶で隔てられているはずの「加害者」も、「戦争の犠牲者」という別カテゴリーの中で「犠牲者」となって、「虐殺した者」と「虐殺された者」は何の隔てもなくドイツ国家によって「犠牲者」という言葉で括られ、一緒に追悼される。

後に「ヨーロッパの虐殺されたユダヤ人のための記念碑」の設立をめぐる論争の中で、「受動的犠牲者」、「能動的犠牲者」、「犠牲者となった加害者」という犠牲者の類型を表す言葉がしばしば用いられた。

「受動的犠牲者」の中に、例えばホロコーストの犠牲者が入ることには異論がないであろう。またナチスの抵抗運動に加わって処刑された者を「能動的犠牲者」ということについても、基本的には受け入れられるであろう。しかし「犠牲者となった加害者」は最も広く、また曖昧な概念である。これを安易に拡大すれば、歴史的具体的事実の差異を無視した中身のない空虚な概念になる。しかし少なくとも大量虐殺に手を下した者が、戦争中に死んだことによって直ちに「犠牲者」の側に入るとするならば、「犠牲者」というのは、戦争中の「死者」と同じ意味しか持たないことになる。死によって「加害者」は「犠牲者」に変換され、死者の中から「加害者」は姿を消す。そして結局、「犠牲者に転換した加害者」を含む膨大な「犠牲者」の中で背後に押しやられ、隠されていくのは「本当の」犠牲者、すなわち「徹底的受動的犠牲者」である。

コールとレーガンがビットブルクで企図したことは、単に戦後の終結と強固な米独関係のアピールに過ぎなかったのであろうが、ホロコーストの犠牲者に連なる人々にとって、それは加害者を犠牲者へとあからさまに転換させる政治セレモニー以外の何ものでもなかったであろう。(墓地や死者を単に党派政治的に道具として利用すること自体、死者や遺族を愚弄するものであるのは言うまでもない)。

ビットブルク事件は、「ドイツ人」と「非ドイツ人」という区別と差別が密かに持ち込まれてきた戦後の国家追悼に対して、「加害者」と「犠牲者」という新たな基軸をつきつけるものであった。

第二は、国家追悼と個人追悼との区別である。社会の大多数が直接的な戦争体験を持つ世代によって占められていた時代、たとえ膨大な非ドイツ人の「暴力支配の犠牲者」がいることを知っていても、多くのドイツ人が実際に悲しみにおいて想起していたのは戦争中に命を落とした自分のよく知る身近な人々であり、国家追悼においてもそれぞれが個人的想起を重ね合わせてきたのであろう。ナチスの武装親衛隊員であれ、ユダヤ人虐殺に深く関与した者であれ、身近な者の死をどのように悼もうとも、追悼の自由は個人に帰属するものであり、他者から侵害されてはならない。そして悲しむことができるのは個人であり、国家は悲しまない。

そのことを踏まえた上で、しかしそれでも国家による追悼儀礼が行なわれるならば、それは個人追悼とは明確に異なる次元を持つものでなければならない。それは個人想起のように悲しみの感情を中心とするものではなく、「犠牲者」がなぜ、どのようにして、殺されたのか、死んだのか、という歴史的事実関係から離れてはならないということであろう。自然災害や不慮の事故の犠牲者ではなく、明白に国家が正当なものとして遂行した「戦争」やまた国家の「暴力支配」によって、すなわち人間の意志と行為によって、生み出された膨大な、また多様な死者である。その事実を離れて「国家追悼」がただ悲しみの感情を儀式的に演出し、個人想起と一体化し、個人の感情を包括しようとするものとなるならば、（そして個人が国家にそうした擬人的悲しみを求めるならば）、結局のところ、それは歴史的事実を感情によって隠蔽するものとして機能する他はない。そして他方では、個人の追悼感情に国家の介入を招くことになる。

「犠牲者」の差異性を無視して、ただ死というものに対する「感情」だけを国家儀礼の中心に置くならば、そこで中心になるのは必然的に多数の「一般国民の一般的追悼感情」であり、それは戦死者と空襲や故郷追放の犠牲者といった身近な「同胞」への思いであろう。そこではドイツ人マイノリティーと膨大な非ドイツ人犠牲者は覆い隠されている。

こうした問題は後述するように、ノイエ・ヴァッヘに置かれたコルヴィッツの彫刻「ピエタ」をめぐる論争の中で一つの焦点となって表われてくる。

第三は、第二点と深く関わる「犠牲者の名指し」の問題である。ヴァイツゼッカーの演説のその一節は、それがただ具体的であるということによって、そしてそれが国家式典において明確に語られたということにおいて大きな意味を持った。そこで列挙された人々、シンティー・ロマ、ユダヤ人、同性愛者、精神障害者、共産党員等が犠牲者にいることを歴史的事実として知らないドイツ人はいない。しかしそれまでの国家追悼儀礼で用いられた「戦争と暴力支配の犠牲者」という抽象的、包括的な言葉によっては、実際にはそれらの虐殺された膨大な非ドイツ人、そしてドイツ人・マイノリティーは具体的に想起されることなく、実際には排除されていた。

この名指しの部分を国家追悼施設の碑文とするという提案に対する保守党の根強い反発は、抽象的、一般的表現に隠された、想起の恣意的自由を確保するための抵抗ではなかったか。「抽象的な言葉」だけならば、解釈の「自由」は残り、そこに自由な思いを込められる。しかし具体的に犠牲者（グループ）が明示されれば、それが著しく阻害されることになり、国家儀礼の中で生み出される一般的ドイツ人の一般感情の一体化は妨げられる。

また「よく分らない」シンティー・ロマや、あるいは共産党の活動家、兵役拒否者や性的指向性によって殺された者が、「普通の」ドイツ人戦死者や空爆で死んだ「普通の」ドイツ人市民と同列に並べられるのが堪え難いというような心情的な問題もそこにはあるであろう。確かに「追悼」とは本来、個人的な感情の問題である。しかしここでも重要なことは国家追悼と個人の追悼は違うということである。

(2) 東ドイツにおける国家追悼の問題

東ドイツでは、事情は全く異なっていた。ナチスと闘った歴史の勝利者の側に自国を位置づける東ドイツの公式の歴史観においては、ナチスの犯罪は克復するべき自国の過去ではない。したがって西ドイツのように複雑な議論を展開する必要はなく、第二次大戦の犠牲者に対する東ドイツの追悼とは、ナチスの抵抗活動で自らを犠牲にした人々の栄誉を讃えるものであった。「ベルリンの壁」が崩壊して半年後の一九九〇年の四月、自由選挙で選ばれた東ドイツ人民議会の議決において、東ドイツは初めてナチス・ドイツに対する責任を公式に表明し、その犠牲者に赦しを求めた。★15 東ドイツが消滅する半年前のことである。

東ドイツが国家追悼施設として利用したノイエ・ヴァッへは、もともとプロイセンの国王ヴィルヘルム三世によってナポレオンに最終的に勝利を収めた解放戦争（諸国民戦争）の戦死者を讃える記念館として建てられたものである。プロイセンを代表する建築家カール＝フリードリッヒ＝シンケルが設計し、一八一八年にノイエ・ヴァッへは完成した。

一八四二年にはこの建物の両端に、戦争の勝利に貢献した二人のプロイセンの将軍、ビューロウとシャーンホルストの立像が建てられた。

一九一八年のプロイセン王国の消滅後、ノイエ・ヴァッへは改修が重ねられ、さまざまな用途に用いられたが、ヴァイマール共和国の末期、一九三一年には第一次大戦戦没者の顕彰記念館となった。ハインリッヒ・テッセノウによって新たに改築された内部には勝利を象徴する金と銀でつくられた「樫の枝で編まれた環」を冠する黒い御影石の石柱が置かれ、天井には光をとる円形の穴があけられた。ナチスの時代、「英雄の日」にはヒトラーがここに花環を捧げた。

第二次大戦でノイエ・ヴァッへは大部分を破壊されたが、一九五〇年には修復が決定され、一九六〇年、「ファシズムと軍国主義の犠牲者のための」記念館として生まれ変わった。その後、この施設はその役割を強化するため、さまざまな「改良」が施されていく。

一九六二年、ノイエ・ヴァッへの前で人民軍の兵士二人の立哨が始まり、毎週一度と国家の記念日には、人民軍の衛兵交代が軍楽隊の演奏と共に行なわれるようになった。一九六九年に内部は、さらに装飾が加えられた。内部中央にはガラスの箱に入った「永遠の火」が燃え続け、背後の壁には東ドイツの国旗紋章（麦の穂とハンマーとコンパス）が大きく描かれた。そして床には無名兵士と強制収容所で虐殺された抵抗活動家を主として象徴する骨と灰、さまざまな収容所と戦場跡から運ばれてきた土が埋められた。★16

こうして東ドイツはこの場所に国家の自己理解を凝縮させ、可視的に呈示し続けた。この施設で中心になっているのは膨大な数を数える「ファシズムと軍国主義による犠牲者」ではなく、その死者の敵に勝利した国家である。「永遠の炎」と共にその国家が何千万の死に意味と希望を与え続ける（この場所に現在もなお残るのは床下の遺灰だけである）★17。

東ドイツは、この他にもう一つの重要な国家追悼施設をベルリンに持っていた。それは一九四九年、東ドイツ建国の直前に完成した巨大なソ連戦勝記念碑であり、東ドイツの時代そこでは重要な国家式典が行なわれた。その広大な施設にはベルリンで戦死した赤軍兵士の内、約六千人の遺骨が埋められ、敷地には金文字で刻まれたスターリンの言葉が至るところに飾られている★18。勝利者ソ連とソ連兵士の「偉業」、そして東ドイツ建国の歴史的意義を讃えるのがこの施設である。

東ドイツのノイエ・ヴァッヘとこのソ連戦勝記念碑は、戦死者の国家追悼の一つの典型的な形を非常に分かりやすく示している。そこに貫かれているコンセプトは一貫しており、何の迷いも、疚しさも、もちろん悲嘆もない。

西ドイツでヴァイツゼッカーの演説が行なわれていたその日、東ドイツでは、この戦勝記念碑で、

「ソビエト連邦のヒトラーのファシズムに対する勝利とドイツ国民のナチス支配からの解放」が盛大に祝われた。[★19]

2　ノイエ・ヴァッヘ設立に至る経緯

(1)ドイツ統一による状況の変化

一九九〇年十月、東西ドイツの統一によって国家と追悼の問題は新たな局面を迎えることになる。東ドイツの消滅と同時に、ノイエ・ヴァッヘからハンマーとコンパスの紋章は消え、人民軍が消え、しばらくして「永遠の火」も消えた。

統一後、ウンター・デン・リンデン周辺にあった東ドイツの国家・社会主義統一党の重要な機関の建物はそれまでの用途を失い、一つ一つ新たな使用目的が割り当てられた。それらの多くは、ボンからベルリンへの首都の移転決定（一九九一年）後、統一ドイツの主要な政治機関の施設として用いられることが決定されていった。再び一つの町となったベルリンには余剰となった施設や組織も次々と（西への）「統一」という過程をたどっていく。東の国立図書館は西のそれに吸収合併され、大学などをはじめとする数多くの研究機関の一部は統合され、あるいは解体され、増えすぎた博物館、動物園、オペラ座などは長い間、存続について検討された。

こうした東ベルリンの再編成は、東ドイツの首都が統一ドイツの首都になるために辿らなければならない行程であり、眼に見える形でイデオロギーの書き換えも進行していった。町の通りの名称変更やマルクス、レーニンに因む記念碑、記念板の多くは撤去されていった。

同じ建物が、同じ名目で、しかし全く異なる意味づけにおいて用いられることになったものについては、この転換がとりわけ明瞭に表われる。その一つはノイエ・ヴァッへの隣にあるドイツ歴史博物館である。統一後、東ドイツ国家の自己理解とそれと深く結びついた歴史観を展示物によって顕示してきたそれは、そのまま統一ドイツの歴史博物館となり、新たな歴史観によって書き換えられることが早々に決定された。

東ベルリンの中心で大規模に進んでいったこうした大きな流れの中で、ノイエ・ヴァッへが東ドイツ時代と同じく「犠牲者の国家追悼」という名目の下で、新たに上書きが行なわれなければならないものとして捉えられたことは、極めて当然の成り行きであったといえる。しかし根本的な問題は、何を、そしてどのように、ここに上書きするのか、国家追悼の問題で数々の挫折を経てきた西ドイツは、新たなドイツ連邦共和国としてどのような自己像、自己理解をここで示すことができるのか、ということである。

しかしその重要さに比して、この問題はあまりにも安直な解決が図られることになる。ビットブルク事件以降、国家追悼施設の建設を急務の課題として認識されていた（西）ドイツにとって、とりわけビットブルク事件で内外から集中攻撃を受けたコールにとっては、ノイエ・ヴァッヘという歴史的建造物が自由に扱い得る施設として与えられたことは、千載一遇のチャンスとして受けとめられたであろう。

ノイエ・ヴァッヘという建物はもともと十八世紀、プロイセンの時代にベルリン宮殿を中心とする王都ベルリンを構成する重要な歴史的建造物であり文化的価値も高い。国家儀式を行なうために用いられる建物として条件も兼ね備えている。首都の中心に位置し、ブランデンブルク門に至るウンター・デン・リンデンという立地条件は、外国の要人を連れて行くために警備上も優れている。伝統ある新古典主義の建物の外観は、国家の「威信」にとってふさわしい。適当な建物が既にあるということだけでも、この問題の大きな進展である。

コールは、そこで誰を追悼するのかという根本的な問題が公共で議論され、事態が紛糾することを回避するため、できるだけ速やかにことを進めようとした。連邦とベルリンの次元では、統一に伴って生じた膨大な案件や、早急に解決しなければならない実際的な問題が山積していたことも、それを可能にする背景としてあったであろう。しかしそれ以上にこの問題に影響を与えたのは、当時さまざまな論点において激しい論争が展開されていた「ヨーロッパの虐殺されたユダヤ人のための記念碑」設立の問題がある。ノイエ・ヴァッヘが完成する前年の一九九二年には、ホロコースト犠牲者の記念碑をベルリンに建設するということについては連邦とベルリンの間で合意があった。そのことが後述するように（(4)参照）、ノイエ・ヴァッヘへの設立決定を容易にした。

結局、ドイツ連邦共和国国立中央記念碑・ノイエ・ヴァッヘは、コールの提案からわずか十か月足らずで、予定通りに除幕式を迎えた。この施設が、厳しい批判にさらされたのは完成前の数か月と、そしてそれ以上に論争が激しくなったのは完成後のことであった。

(2)ノイエ・ヴァッヘ設立の提案

ノイエ・ヴァッヘを本来の構造(一九三一年のテッセノウによる改築の時点)に戻すことが決定されて一か月余り経た一九九三年一月二十八日、コールは幾人かの野党を代表する政治家の合意を取り付けた上で、閣僚会議の決定として次のことを発表した。

一、ノイエ・ヴァッヘを「戦争と暴力支配の犠牲者」のための国立中央追悼記念館とし、国民追悼の日(十一月十四日)に除幕式を行なう。

一、施設の中央には、原型より数倍拡大したケーテ・コルヴィッツの彫刻「ピエタ(死せる息子を抱く母)」を置く。

この彫刻の拡大にあたる芸術家には、既にその仕事が委託され、連邦内務省からの予算も発表された。[★20]

この問題が、第一野党の社民党の要求に応じて連邦議会の予算委員会の中で議題として取り上げられたのは、ノイエ・ヴァッヘへの定礎式が行なわれる僅か半年前の五月半ばのことであった。ノイエ・

ヴァッへの改築工事は既に始まっており、八月に完成が予定されていた。

社民党はこの委員会で、これまでの経緯における政府の独断専行を批判し、中央追悼記念館は「想起、追悼、戒めにおける国民の政治的自己理解と政治的合意の模範[21]」となるものであるから、広くに議論をする場を持つべきであると訴えた。しかし二時間半続いた委員会では、この問題に対する政府の政治手続きに対する批判が中心となり、内容的に掘り下げた議論が行なわれることはなかった。

ピエタについては、原型が高さ三七cmの作品をノイエ・ヴァッへの内部空間の調和を考えて高さ一六〇cmにまで拡大することが美学的に許容され得るのかという疑問や、この作品がキリスト教の伝統的チーフに則ったものであることへの危惧も表明された。また現代の芸術家の作品も排除するべきではないという提案もあった。しかし結局のところ、コルヴィッツの作品がこの場所と目的に適切であるということにおいては、与野党は既に基本的には一致していた[22]。

コールはこの作品をこの場所に選んだ根拠として、コルヴィッツの日記からこの作品に触れた次の一節を引用している。「その母親は横たえた死せる息子を両足の間で抱え座している。それは悲しみではなく、深い思慮である[23]」。

ケーテ・コルヴィッツ（一八六七―一九四五年）は二十世紀前半を代表する東西ドイツでよく知られたドイツの彫刻家、版画家であり、社会の底辺に生きる人々を描いたことで知られている。また社会主義運動にも積極的に関わり、またナチスの時代にはプロイセンの芸術アカデミーを追われ、作品展示の禁止処分を受けた。そういう背景からコルヴィッツは野党にとっても受け入れやすい人選で

「ピエタ（死せる息子を抱く母）」。

あった。そのことをコールはこの提案が最初に発表された時点で理由の一つとして挙げている。[★24]

しかし記念館の碑文の問題については、意見が分かれた。社民党、緑の党、社会党（東ドイツの社会主義統一党を後継者するPDS）は、「戦争と暴力支配の犠牲者のために」という与党が主張し、従来西ドイツで用いられて来た碑文は、加害者と犠牲者を同列に扱うものであると批判し[★25]、一九八五年の議論と同様、ヴァイツゼッカーの名指しを用いることを求めた。[★26]コールは、犠牲者を差異化すればするほど「ドイツの現代史を迷路に迷い込む危険性が大きくなる[★27]」として、これに反対している。

なおこの時の議論では、完成後ここで行なわれる儀礼の問題も論じられている。ドイツ軍兵士の衛兵がこの施設に立つか否かも保留されたままであった。この時点では、一八四二年から一九五一年までノイエ・ヴァッへの両脇にあったプロイセンの二人の将軍の立像も建物の修復に伴い、元の場所に戻ることになっていた。

コールが述べたこの計画の論拠は一月の発表時点と変わらず、また野党もそれに対して批判的に踏み込むことはなく、その後、この問題が連邦議会で取り上げられることは二度となかった。

ノイエ・ヴァッへでは、ビットブルクのように誰が埋葬されているかが後に問題になるような不手際が起こることはなく、コルヴィッツの彫刻「ピエタ」は、ノイエ・ヴァッへがもともと戦死者の栄誉のために建てられた軍事的施設であったという歴史的事実を緩和する。先の委員会で野党も「ピエタ」は戦争による女性の苦しみを尊厳をもって慮るものとして賛同し[★28]、コールは、ピエタは「暴力支配の結果、最も苦しみを味わった母親たち[★29]」を熟慮するものであると述べている。

ノイエ・ヴァッへの本質を問う議論が漸く活発になったのはこの後のことであり、除幕式に近づくにつれて、工事の一時中止や延期を求める声も出るようになっていった。連邦内務省から決定されたノイエ・ヴァッへの碑文の発表があったのは、除幕式のわずか半月前のことである。

(3)ノイエ・ヴァッへをめぐる対立の論点

ノイエ・ヴァッへ論争の中心的な論点は、この内部の空間の中央におかれる彫刻「ピエタ」と、ここで誰を想起するのかを表す碑文の問題である。そしてこの二つは本質的に深く関わる問題として論じられた。

歴史学者ラインハルト・コゼレックは、コールの最初の発表から二か月余の後、四月初めにノイエ・ヴァッへの根本的な問題を深く抉る論文を発表した。しかし五月に行なわれた予算会議では、その問題提起が踏まえられることなく与野党がコールの提案に基本的に合意したことを受けて、コゼレックは八月、再度、ノイエ・ヴァッへの問題性を強く訴える論文を発表した。ノイエ・ヴァッへ論争に決定的な方向性を与えたのはこの二つの論文である。ここではそれを中心に論点を明らかにした。

コルヴィッツの彫刻「ピエタ（死せる息子を抱く母）」の問題

「ピエタ」は「十字架から降ろされたキリストを抱く聖母マリア」という伝統的なキリスト教芸術の題材であり、ミケランジェロを初めとして古くから多くの芸術家によって彫刻や絵画において表わされてきた。復活信仰を中心とする伝統的キリスト教の枠組みにおいてピエタが伝える中心的メッセージは、悲しみを越える神の救済や希望ということになる。コゼレックはその意味で「ピエタ」をこの施設におくことを非宗教国家が国民に希望や慰めを与えようとする試みであるとして強く批判している。★30

また「ピエタ」のモチーフは、キリスト教とユダヤ教との隔たりを象徴するだけではなく、「神の子殺し」という何百年の歴史を持つヨーロッパにおける反ユダヤ主義の含みを背景として持つもので

もある。[★31]

異なる文化を持つ多様な犠牲者を想起の対象とすることを名目とした施設にこのような宗教芸術を用いるのが不適切であるということは多くの者によって批判された問題であり、こうした無配慮には「普通の一般的」ドイツ人が追悼の中心として意識されていることが伺われる。

この作品の根本的な問題として更にコゼレックが指摘する重要な問題は、次の二点である。

第一点は「死せる息子を抱く母」の像は、コルヴィッツが第一次大戦の志願兵として戦死した息子、ペーターのために造ったものであり、第二次世界大戦の犠牲者については全く適切性を欠いているという問題である。

空爆による両親の死を嘆く子供、防空壕で焼け死んだ子供を嘆く親、戦争末期に（戦後ポーランドやハンガリー領等となった）故郷を追放され、西に向かう途上で死んだ何百万人のドイツ人家族、機械的に虐殺されて穴に放り込まれ、焼かれ、灰になった数えきれないユダヤ人等々が、第二次大戦の犠牲者である。世代、性別を問わず、あらゆる人々が区別なく巻き込まれ、その多くの犠牲者には、遺体もなければ、墓もない。[★32] 戦死した息子の遺体を抱き、嘆き悲しむ母の像は、第二次大戦の現実と余りにもかけ離れている。

こうしたコゼレックの批判は、戦争中、最も苦しんだのは母親であったといったコールや、ピエタは戦争中の女性の苦しみを慮るものという社民党のピエタ支持の論拠を根本から否定するものであろう。

「両親」。

第二は、この作品の拡大・展示はコルヴィッツの意志に反するものであり、作品の意味そのものを改竄することになるという批判である。ピエタは次のような経緯を経て制作された。

一九一四年十二月、息子ペーターの戦死から一か月後、コルヴィッツはその記念碑をつくることを決意した。当初、コルヴィッツは、横たわるペーターの遺体とそれを座して囲む両親という構図の彫刻を企画し、それをベルリン郊外の自宅の近くに展示することを計画していた。しかし長い試行錯誤の結果、十八年後に完成した作品は、最初の構想とは全く異なるものになった。それは「両親」と題する黒御影石でつくられた、息子の死を嘆き悲しむ母と父の像からなる一対の彫刻である。母の像の顔にコルヴィッツは自らの表情を彫り込んだ。そして「両親」は、コルヴィッツの強い意志によってベルリンではなく、ペーターの埋葬されているベルギー・フランドル地方にある、第一次世界大戦のドイツ人戦死者を葬る軍人墓地に置かれた[★33]（写真）[★34]。コルヴィッツは当時、ベルリンのナショナル・ギャラリー館長を初めとして、これを美術館に展示したいといういくつもの申し出を固く断っている[★35]。

一方、「ピエタ」はこの「両親」の完成から五年を経て、「両親」とは全く逆に、プライベートで内面的な記念碑としてつくられた。原型は高さ三八cm、幅二六cm、奥行き三八cmの小さなブロンズ像であり、拡大して公共の空間で展示することを目的として制作されたものではない。実際にコルヴィッツは生前、一度もその像に変更を加えることはなかった[★36]。

長い時間をかけて、コルヴィッツが（息子の）遺体を可視的にしないという結論に到達したことをコゼレックは高く評価する。絶対に取り戻すことのできない若者の犠牲をいかにして表現するかという問いに対して、コルヴィッツは芸術家として「両親」において決定的な答えを見出した。しかし「両親」の完成後、年老いたコルヴィッツは亡くなった息子を目に見える形で表現するため、芸術的解決の背後に退き、自分自身の悲嘆と尽きざる苦しみの中へと沈潜して「ピエタ」を制作した[★37]。「ピエタは伝統的な慰めを与える、しかし生き残ったフラッツローの墓地の両親に慰めはなく、彼らは慰めを探し求め続けるべく運命づけられている[★38]」。

コゼレックは二つの作品の決定的相違とそれぞれの作品の背景にあるコルヴィッツの意志を辿ることによって、ピエタを拡大してノイエ・ヴァッヘに据え付けることを作家と作品の冒瀆であると激しく批判した。

この問題は、今までここで指摘してきた個人の追悼と国家追悼との相違を明瞭に表わしている。個人は身近な者の死をどのように想起することもできるが、「国家追悼」にはそのような「自由」はない。コールは、この作品を自ら選び、発表した際に、自分の兄弟が第二次世界大戦で戦死していること、そして自分の執務室の机の上にベルリンのコルヴィッツ博物館から借り出した「ピエタ」のレプリカを置いていることを明らかにした。[★39] コールが自分の机の上に何を置こうが、誰も干渉しない。個人的、内面的追悼は必ずしも歴史的コンテキストに位置づけられる必要はなく、内面的感情に閉じこもることも許されるであろう。しかし、宗教芸術「ピエタ」と共に個人の悲しみの背後に立ち、あるいはそれと同一化して、あるいは「ピエタ」に委託して「慰め」や「希望」を提供する資格は、国家に与えられてはいない。

コルヴィッツは自分の個人的思いを「ピエタ」に託したが、公共の場である戦死者の墓地に敢えて慰めを与える像を造らなかった。ましてや第二次大戦終結の直前に没し、その戦争がもたらしたものの実態やホロコーストの現実に直面することはなかったコルヴィッツは、「ピエタ」を明確な政治的機能を担った国家儀礼の空間の中で、第二次大戦の「加害者と犠牲者」に永遠に慰めを与るべく据え付けることを許したのであろうか。

なおコルヴィッツの三人の遺族（孫）は、コールの提案に基本的に賛同し、これを栄誉として受けとめている。しかし首相とベルリン市長宛に、弁護士を介した文書を送り、遺族の責任としてノイエ・

ヴァッへで軍事的式典が行なわれるようなことがあれば、コルヴィッツの遺志に反するものであるから、作品を引き上げるか、場合によっては破壊させると表明した。そしてノイエ・ヴァッへの両端には、プロイセンの二人の将軍ビューロウとシャーンホルスト立像が戻ってくることはなくなった。(この像は現在、ノイエ・ヴァッへの向かい側、国立オペラ座の横の広場にある)。

碑文の問題――「犠牲者」という言葉の意味するもの

ノイエ・ヴァッへ論争のもう一つの重要な焦点は、ノイエ・ヴァッへへの継承する従来の碑文「戦争と暴力支配の犠牲者のために」が「加害者」と「犠牲者」を同等に扱うものであるという批判である。「犠牲者」という言葉が曖昧に用いられ、無制限に拡大されて用いられてきた背景に、コレゼレックはドイツ語の犠牲(者)という言葉が持つ二重性があると指摘している。[★40] ドイツ語のオプファー(Opfer)は何かのために供物を捧げるという能動的な意味と、何かによって犠牲にされるという受動的な二つの意味を持つ。英語では区別される能動的犠牲(者)(sacrifice)と受動的犠牲(者)(victim)の両方の意味がドイツ語では一つの言葉に含まれている[★41](この点では日本語の「犠牲」も同様である)。

コゼレックによれば、犠牲という言葉は、第二次大戦までは「祖国のために犠牲を捧げる」というような能動的な意味で使われてきたが、戦後、主として受動的な意味へと密かに変えられていったという。

「（しかし）戦争や暴力支配は事故のようなものか。誰もそうするつもりはなかったのか。全ての者が犠牲者なのか」[★42]。

そしてコゼレックは、「犠牲（者）」という曖昧な言葉を避けて、死者がそれぞれ、どのように死んでいったのかを考慮に入れた碑文にするべきことを主張する。

「全ての死者は想起されなければならない。決して「我々」の間の死者だけではなく。そして彼らがどのように死んだのかということも忘れられてはならない。その死だけではなく、死の苦痛を、いかに想像を絶するような状況で死なねばならなかったのかを。そのことを我々が想起することは道義的、政治的責務であり続ける」[★43]。

その意味でヴァイツゼッカーの演説の犠牲者の「名指し」を碑文とすることに賛同しつつも、コゼレックは自らも短い言葉を提案した。

「戦死し、虐殺され、ガス室で殺され、〔戦災等で〕死に、行方不明になった死者のために」[★44]。

このコゼレックの指摘は重要である。犠牲者を歴史的事実に即して、その死の多様性、死に至る具体性を、（類型的に）明確にすることは、戦争の総体に一歩、踏み込む重要な契機になるであろう。それは「戦争と暴力支配の犠牲者のために」という抽象的な言葉では決してできないことである。抽象的な言葉や包括的追悼感情に、決定的に欠如しているのはこのあからさまな具体的現実性である。形式的には犠牲者を誰一人排除しない具体性を持たない言葉において、犠牲者の中での差異が意識されることはなく、非ドイツ人やドイツ人のマイノリティーの犠牲者は実際には排除されてきた。犠牲者といえば、ほとんど反射的といってもいい仕方で、「十字架」や「ピエタ」が結びつけられるのはそのためである。

犠牲者の「具体的名指し」が容易に受け入れられないのは、碑文の名目に実態を近づけることを拒否し、その間の乖離に曖昧さを保持したいという願望ではないのか。それぞれの犠牲者が、どのように死に至ったのか、その死や苦しみを具体的に想起するとは、その背後に加害者を想起することでもある。

しかしこの具体的名指しや具体的想起が解決するのはそこまでである。「加害者」と「犠牲者」を一緒に追悼することはできない、というユダヤ人やシンティー・ロマからなされ続けてきた批判に、それは充分に答えるものではない。しかし犠牲者の具体的名指しはそのための前提になるものではあろう。そして犠牲者の具体的な名指し、差異化とは、戦争に関わる死者を単に「加害者」と「犠牲者」に二分化することを防ぐものでもある。そうした極端な単純化は、犠牲者の無制限の拡大と同様、想起の核となるべき歴史的事実の歪曲に繋がるだけであろう。また他方、戦争に関わった者は誰もがある意味で「加害者」でもあり、また「犠牲者」でもあるなどというような空疎な一般化も同様である。それらは結局のところ、徹底的受動的犠牲者を覆い隠し、追悼儀礼においても、それらの犠牲者をさらに犠牲にし続けることに他ならない。

除幕式が近づくにつれ芸術家、美学者からピエタはあまりにもセンチメンタル、時代遅れの作品であり、現代に方向付けを与えるものではないというような批判も表に出てくるようになる。そして作品の公募やこの問題について広く議論を持つ機会をつくることを求める声が大きくなっていった。初めはコールに賛成した野党からも問題性を十分に認識していなかったことを自ら認め、批判に転じる者が出てきた。碑文の問題についても、とりわけ犠牲者に関わるさまざまな団体からの批判が高まった。その中でミュンヘン大学の学生を中心したヒトラーの抵抗活動グループ「白バラ」を記念する白バラ財団の議長は「戦争と暴力支配の犠牲者」に代わって、端的に次の碑文を提案した。[45]
「暴力支配の犠牲者。戦争の犠牲者」[46]。
こうしたさまざまな方面から向けられる批判や提案に対して、政府は答えることも、また新たに議論の場をつくることもなかった。

(4) 碑文の決定

「ヨーロッパの虐殺されたユダヤ人のための記念碑」設立論争の影響

ノイエ・ヴァッへについての論争が激化していったのは、この時期、これと平行して行なわれていた「ヨーロッパの虐殺されたユダヤ人のための記念碑」(以下「ユダヤ人犠牲者の記念碑」と略す)[47]設立をめぐる論争が激しくなり、そこで焦点となっていた「犠牲者」についての議論がノイエ・ヴァッへ論争に根本的な問題をつきつけることになったためである。

「ユダヤ人犠牲者の記念碑」設立計画はドイツ統一の直前、一九八八年、西ドイツの市民運動の提案に端を発するものである。[★48] 当初は、歴史的な現場の保存と記念館の設立が議論されていたゲシュタポ跡地（資料センター「テロの地勢学」[★49]）がその記念碑の建設場所として提案されたが、ゲシュタポ跡地という加害者の場に、多様な犠牲者の中でユダヤ人のためだけの記念碑を設立することは適切ではないということを主たる理由として、その提案は受け入れられなかった。しかしその直後に「ベルリンの壁」が崩壊し、ボンからベルリンへの首都移転が決定したことを受けて、この運動そのものも一市民運動から、新たに生まれた統一ドイツの国家的な問題として捉えられることになる。論争は新たな次元へ転換していくことになり、十五年を越える長い論争が始まった。

この「ユダヤ人犠牲者の記念碑」をめぐる論争で最初から焦点となっていたのは、この記念碑がホロコーストの中でなぜユダヤ人犠牲者だけを対象にするのか、その虐殺に責任のあるドイツが犠牲者の一つのグループだけに記念碑を建てることが許されるのか、という問題である。この議論は犠牲者間の中で激しい対立を生み出していった。

ユダヤ人と同じく民族絶滅という計画の下で膨大な犠牲者を出したシンティー・ロマ（ナチスによって「ツィゴイネル」と定義された民族）は、ユダヤ人に比して常に「二等階級」として差別され続けてきたことを激しく訴えた。[★50] そして民族虐殺の記念碑を建てて、シンティー・ロマをユダヤ人と同等に扱うことを求めた。しかしそれに対して、ユダヤ人は、あくまでユダヤ人の虐殺や差別の特殊性を訴え、シンティー・ロマとの共同記念碑を徹底的に拒否し続けた。この問題は、それぞれの民族代

表組織、ドイツ・シンティー・ロマ協議会とドイツ・ユダヤ人協議会との間での激しい対立へと発展した。★51

その頂点が、ちょうどノイエ・ヴァッヘ論争の時期と重なっている。

連邦とベルリン州との間で、ユダヤ人とシンティー・ロマの犠牲者に個別の記念碑を建設することに関して、費用の分担や土地の提供の問題も含めて合意が成立したのは、コールがノイエ・ヴァッヘ設立を提案する前年の一九九二年である。ブランデンブルク門の傍、ベルリンの壁の跡地の広大な一画にユダヤ人犠牲者に対して記念碑を建てるという計画は、ドイツ人犠牲者を中心にするノイエ・ヴァッヘへの設立を円滑に進めるための充分な前提とみなされていたと考えられる。野党が当初、ノイエ・ヴァッヘに強く反対しなかったことも、そのことと無関係ではないであろう。

しかし当時、犠牲者グループそれぞれに個別の記念碑を建てることに反対し、ホロコーストの犠牲者全体の記念碑、あるいはユダヤ人とシンティー・ロマ共同の民族虐殺記念碑を支持する声もあった。そして単に犠牲者間の対立を回避するために根本的な議論を経ることもなく、安易な解決を図った連邦とベルリン州に対する批判も大きく、犠牲者のヒエラルキーの問題についての議論も公共において始まっていた。そしてシンティー・ロマは引き続き、ユダヤ人との共同記念碑を、後にはユダヤ人の記念碑の近くにそれと構造的関連性をもった記念碑を連邦やベルリンに対して求め続けていた。

ノイエ・ヴァッヘへの碑文の最終的決定はこうした状況を背景にして下されたものである。その決定の経緯は、ノイエ・ヴァッヘと「ユダヤ人犠牲者のための記念碑」との密接な関係を明白に物語っている。

一九九三年十月中旬、ノイエ・ヴァッへの除幕式の一か月近く前、連邦内務省はノイエ・ヴァッへの碑文についてユダヤ人協議会議長ブービスとの間で合意に達したという発表を行なった。ヴァイツゼッカーの演説の「犠牲者の名指し」とノイエ・ヴァッへの建物の来歴を記した板をノイエ・ヴァッへの入り口に取り付けるというのがその合意の内容である。それから二週間後の十月の末、ノイエ・ヴァッへの碑文の内容が正式に発表された。

なぜノイエ・ヴァッへの碑文が、ホロコーストの中の一つの犠牲者グループの組織の代表者と政府の合意によって決定されるのか。このことは犠牲者のヒエラルキーとは何か、ノイエ・ヴァッへとはそもそも何であるのか、ということを明らかに示している。

ブービスは一九九三年に公刊した自伝の中で、コールとの間で交わされていた碑文にまつわる密約を公にしている★52。

それによれば、五月にブービスはノイエ・ヴァッへの除幕式に出席する条件として、コールに二つの条件を出した。それはユダヤ人犠牲者のための個別の記念碑を建てることと、ヴァイツゼッカーの演説の「犠牲者の名指し」をノイエ・ヴァッへの碑文にするということである。コールはユダヤ人個別の記念碑建設については直ちに、碑文については二週間後に了承したという。

「暴力支配」の最大の犠牲者グループの代表が除幕式の出席を拒否するということは、ノイエ・

ヴァッへの信憑性に致命的な打撃を与え、内外に与える影響は余りにも大きい。ノイエ・ヴァッへが「機能」するためには、他の犠牲者団体はともかく、ユダヤ人協議会代表者の出席は絶対に欠くべからざる条件である。

「ユダヤ人犠牲者のための記念碑」については既に建設予定地（連邦とベルリン州に帰属）も決まっており、ヴァイツゼッカーの「犠牲者の名指し」は、一九八五年以来、繰り返し、野党から碑文として提案されてきたものでもある。コールがこの条件を受け入れるのは当然のことであろう。

しかしそうであるならば、コールは「犠牲者の名指し」を碑文とすることを除幕式の半年近く前に決定していながら、なぜ野党の提案に反対を表明し続けていたのか。碑文の問題が「解決」の後に、批判が「ピエタ」にのみ集中することを回避するためではなかったか。

3　ノイエ・ヴァッへの完成

(1)ノイエ・ヴァッへの碑文

「ノイエ・ヴァッへは戦争と暴力支配による犠牲者の想起と記念の場所である。

我々は、戦争によって苦しみを受けた民族を想起する。我々は迫害され、命を失ったそれらの市民

ノイエ・ヴァッヘの碑文（左が来歴、右が名指し）。

を想起する。我々は世界大戦の戦没者を想起する。我々は戦争と戦争の結果による捕囚や追放によって死んだ人々を想起する。

我々は何百万人の虐殺されたユダヤ人を想起する。我々は虐殺されたシンティー・ロマを想起する。我々は出自やまた同性愛のために、病気や弱っていたために殺された全ての人々を想起する。我々は生きる権利を拒絶された全ての人々を想起する。

我々は、宗教的、あるいは政治的信念によって死ななければならなかった人々を想起する。我々は暴力支配の犠牲となった、また無実のまま死んだ全ての人々を想起する。

我々は暴力支配に対する抵抗運動のために命を犠牲にした人々、良心を屈することよりも死を甘受した人々に敬意を表する。

我々は、一九四五年以降の全体主義的独裁

政治に抵抗したために迫害され、虐殺された人々を想起する」。

ノイエ・ヴァッへの碑文とヴァイツゼッカーの演説の「犠牲者の名指し」との大きな相違は次の二点である。

演説は虐殺された六百万人のユダヤ人に始まることに対して、この碑文は「戦争によって苦しみを受けた民族」で始まっている。そして碑文の最後の一文、東ドイツを指す「一九四五年以降の全体主義的独裁政治」は演説にはない。西ドイツ時代の「戦争と暴力支配の犠牲者」の記念板とは異なり、東ドイツはここで初めて「暴力支配国家」として碑文に明記された。西ドイツの追悼記念板の除幕式以来、六月十七日（一九五三年）の労働者蜂起の犠牲者は追悼の対象に含まれていた。しかし一九四五年から一九八九年十一月までの間の死者の中で、どこまでの人々をドイツは犠牲者として「認定」しているのか。それについて今までほとんど議論されたことがない。

なお「戦争と暴力支配の犠牲者のために」という言葉はこの碑文の冒頭だけではなく、ピエタ像のすぐ前のコンクリートの地面に大きく記されている。

(2)ノイエ・ヴァッへの除幕式

十一月十五日の国民追悼の日に、ノイエ・ヴァッへの除幕式は予定通り行なわれた。

この日、事前に通告した通り、ベルリン・ユダヤ人教会の議長のカナールは、[53] ノイエ・ヴァッへに抗議するデモに参加した。デモ隊は、ナチス支配の時代ヒトラー親衛隊の中心であったゲシュタポ跡を出発し、精神障害者や精神病者の「安楽死」を組織した場所「T4」[54] に向かった。[55]「我々は何百万人の虐殺されたユダヤ人を想起する。我々は虐殺されたシンティー・ロマを想起する。我々はその出自のため、同性への性的指向性のために、病気や衰弱のために殺された全ての人を想起する。我々は生きる権利が拒絶された全ての虐殺された人々を想起する」[56]。カナールは、ノイエ・ヴァッへへの碑文に対して、民族大量殺戮は決して飢餓や戦争といったものと一緒に扱われるような出来事ではないという批判を既に公にし、右の言葉を提案していた。[57] ノイエ・ヴァッへを管轄する内務省大臣は海外の要人がノイエ・ヴァッへを訪れる際の儀礼を除いて、連邦国防軍はノイエ・ヴァッへに関与しないと表明した。[58] 現在、国民追悼の日には国防軍兵士の立哨が行なわれている。

4　ノイエ・ヴァッへが提起する問題——むすびにかえて

(1)想起する主体「我々」の分裂

ノイエ・ヴァッへは、「虐殺されたユダヤ人のための記念碑」の建設を前提として設立することができた。ドイツがユダヤ人のためだけの記念碑建設を建設するということは、同じように他のホロコースト犠牲者の個別の記念碑も建て続けていくということを意味している。ユダヤ人犠牲者の記念碑建設が正式に決まり（二〇〇五年完成）、次にシンティー・ロマが、そして同性愛者の記念碑建設が（二〇〇八年完成）決定された。ホロコースト犠牲者を代表する団体が求めれば、ドイツとベルリン州は土地を提供し、記念碑を建てる。虐殺された数に比例して土地と記念碑の大きさが決まり、犠牲者のヒエラルキーが首都ベルリンで可視化されていく。（それにしても虐殺の本質は数なのか）。

こうしてホロコーストの犠牲者が記念碑を獲得して次々とノイエ・ヴァッへから「脱出」していけば、後に残るのは、特別な記念碑が建てられることのないドイツ人一般犠牲者（戦死者、空襲での犠牲者等）である。それがノイエ・ヴァッへの本質をより明らかにするものであろう。

全ての犠牲者が想起されていることになっているノイエ・ヴァッへという国立記念碑は、「加害者」と同列に並べられることを拒否する「受動的犠牲者」の分離を容認する他なかった。この分離を設立根拠とするノイエ・ヴァッへによって、全ての犠牲者の国家追悼という名目と実態の乖離は決定づけられた。

そうであるならば、ノイエ・ヴァッへの碑文はどのように解釈されるべきか。

碑文は「我々」を想起の主体としている。しかしその「我々」とは一体、誰のことか。加害者と一緒に想起されたくはないという「犠牲者」は、この想起の主体「我々」の中には入っていない。しかしノイエ・ヴァッヘ論争に加わっているユダヤ人やシンティー・ロマはほとんど、ドイツで暮らし、ドイツ国籍を持つ非ドイツ系ドイツ人である。想起の主体「我々ドイツ人」の中には、深い亀裂がある。「我々」は一つではない。

ノイエ・ヴァッヘはそのことを証するものでもある。

(2)「中央追悼記念碑」の唯一性

想起する一つの主体「我々」は、ドイツ国家であるのか。

国家の首都にある「全ての」犠牲者を包括、管理する唯一の中央施設は、一つの国家に対応する。世界大戦を遂行した「ドイツ帝国」とナチスの「第三帝国」、そして「全体主義的独裁政治」と規定された「ドイツ民主共和国」も、現在の「ドイツ連邦共和国」がそれを（断絶も介して）継承、吸収したものである。第一次大戦から、ナチスの犠牲者、さらには東ドイツの「犠牲者」までを一緒に想起できる主体とは、その歴史を通して持続している一つのドイツであるのかもしれない。そうであるならば、このノイエ・ヴァッヘとは、多様な犠牲者を通して、一つの国家をそこに顕現させるものである。

この一つの国家の自己顕現に対して、なお亀裂の入った一つではない「我々ドイツ人」は、一致して、決定的な一文を、この碑文に付け加えることができるであろう。

それは、その「国家」を「我々」が想起するということである。膨大な「犠牲者」は「国家」によって正当なものとみなされた組織的、計画的企てによって生じた死者である。その国家を「我々」は想起の客体にしなければならないのではないのか。

またこの碑文が間接的にはっきりと表わしている重要なことがある。それは現在の「ドイツ連邦共和国」（西ドイツと統一ドイツ）がノイエ・ヴァッへに想起されている犠牲者に直接的に関与していない、現在のドイツにはここで想起されなければならない犠牲者は一人もいないということである。ここで想起されるのは、「ドイツ帝国」、「第三帝国」、そして「東ドイツ」の犠牲者である。

現在、ドイツ連邦共和国の国防軍は戦争に参加し、戦死者は増え続けている。しかしこの戦死者はノイエ・ヴァッへではなく、二〇〇九年九月に国防省の中庭に設立されたドイツ国防軍の顕彰碑の「管轄」に入る。

「平和と正義と自由のために死んだ我々の連邦国防軍の死者のため」につくられたその施設は、一九五五年の連邦国防軍創設以来の三千人を越える死者を記念するものである。その中で海外派兵による死者は全体で七〇人、アフガンだけで四〇人を越えている。このドイツ軍の顕彰記念碑建設は、増え続けている海外派兵での戦死者のために二〇〇五年、国防大臣ユンクが提案し、計画を押し進め、実現させたものである。

二〇〇九年九月、アフガンのクンドゥスでのドイツ軍による「タリバン」を攻撃目標にした空爆でドイツ軍の歴史の中で最多となる一四〇人以上を殺した。その中には多くの民間人（正確な数は現在も不明）が含まれていた。国防大臣は空爆の翌日にその報告を受けていたが、総選挙（十月の末）後までその事実を伏せていた。そのことが十一月に判明し、ユンクは新内閣で就任していた労働大臣を辞任した。ドイツ国防軍の顕彰碑の除幕式は、アフガンでのこの空爆の正当性に対する批判が高まっていた最中に行なわれた。

ドイツ国防軍の空爆によって殺されたアフガンの一般市民は、この「顕彰碑」においても、またノイエ・ヴァッヘにおいても想起されることはない。ドイツ軍の軍事行動が「平和と正義と自由のため」であるなら、そのために犠牲になったアフガンの一般市民の死は、一体何のためであったのか。単なる事故死であるのか。これらの犠牲者は、国防省の中庭で、「平和と正義と自由のため」の戦死者と同じ場で想起されなくともよいのか。（そして殺された「タリバン」はどのように想起されるべきか）。

ノイエ・ヴァッヘで想起されるのは過去の過った政治と過った戦争のもたらした犠牲者であり、現在の「正しい」国家による「正しい」戦争はそこから区別され、その戦死者は顕彰さなければならない。ノイエ・ヴァッヘとドイツ軍顕彰碑との区分は、現在のドイツ連邦共和国の正当性を確保するために必要なものなのであろう。逆にいえば、ノイエ・ヴァッヘは今のドイツとは直接関係のない既に完結した「歴史」記念館である。国家は常に「平和と正義と自由のために」戦争を遂行し、戦争は、それが遂行されている現在においては常に「正しい」。

しかし現在、ドイツ国民の過半数はアフガンへの派兵に対して反対している。アフガンでの戦死者の死が一体、何のためのものであるのか、一体何のために人を殺しているのか、誰にも明確な答えがない。

(3)戦争犠牲者の「共同想起」はいかにして成立するのか

追悼記念碑の限界

ノイエ・ヴァッヘで議論された問題は、その後「ユダヤ人犠牲者の記念碑」の設立論争の中に継承された。そこでは記念碑の公募を行ない、広く議論をし、連邦議会の議決によって最終決定を下すというということが求められた。そしてノイエ・ヴァッヘ設立の翌年、「ユダヤ人犠牲者の記念碑」の第一回コンペが行なわれたが、それは国家が主導するのではなく、連邦、ベルリン、市民運動団体の三者が協同で主催し、ノイエ・ヴァッヘへの教訓から、「ピエタ」のような宗教芸術や宗教的象徴に依存した作品は排除された。

しかしさまざまな理由から、二度行なわれたコンペは挫折し、「記念碑」というものの限界を突きつける結果となった。「ユダヤ人犠牲者の記念碑」はノイエ・ヴァッヘにおける問題を、手続き的にはほとんど克服したが、しかしノイエ・ヴァッヘでは論じられることのなかった根本的な問題に突き当たることになった。それは、そもそも記念碑とは何か、そしてなぜ芸術作品がそこに求められるのか、という問題である。そしてホロコーストとの関連においてドイツで戦後生まれたアンチ・

モニュメントの流れからは、従来の記念碑の概念とは全く異なるさまざまな「記念碑」の企画が、コンペの内外で提案された。

ここでは、「唯一の国立中央追悼記念碑」というコンセプトそのものに対して、根本的な批判を加えた作品・企画を二つ例として挙げておく。どちらも形骸化した記念碑や国家追悼儀礼の限界を打ち破る新たな可能性を示唆するものである。

一つは「ユダヤ人犠牲者の記念碑」の第一回のコンペで十一位に入賞した「バス・ストップ」という作品である。[★59] これはベルリンの記念碑建設場所を長距離バスの発着駅とし、そこからドイツ国内やポーランドの強制収容所記念館等の歴史的現場に向かう「ヨーロッパの虐殺されたユダヤ人のための記念碑」という表示を掲げたバスを走らせるというものである。

首都ベルリンの中心にある一つの場所は、多様な場所へ向かう出発点にすぎない。これは従来、記念碑が意味する一つの定まった場所に固定された不動の物体とそれと結びついた年中行事としての（国家）儀礼とは全く対極にあり、何より歴史現場、歴史的現実を想起の核とするものである。

もう一つの例は、ドイツの芸術家ギュンター・デムニッヒによって現在も進行している企画「躓きの石」である。これは一〇cm角の「敷石」であるが、表面は真鍮で加工され、ホロコーストの犠牲者と名前と生年月日、殺された場所、日付が記されている。一九九五年に最初の「躓きの石」が当局の許可なく埋められてから十五年経ち、今ではドイツと周辺国に二万を越える「躓きの石」が埋められている。「躓きの石」は犠牲者が当時暮らしていた住居の住人がデムニッヒに申し込み、石の加工費として九五ユーロを個人あるいはグループで負担して初めてその住居の前の歩道に埋め込まれる。石に記される犠牲者についての記録はその地区の行政担当者に調査が依託されているが、それ以外にこのプロジェクトは公的支援を受けていない。

これらの例は「国立」の「唯一」の「中央」施設とそれに結びつけられる「(国家)儀礼」とのまさに対極に位置づけられる、個人の主体的意志に基づく、分散した、日常における共同想起の試みである。

犠牲者の想起を日常から切り離し、一つの場所に囲い込み、包括、管理する「国家中央追悼施設・国家儀礼」の意味を根本的に問い、またそれに批判を突きつけるものであるといえよう。

「追悼」の新たな次元へ——おわりに

戦争体験を持たず、「犠牲者」と個人的な関わりを持たない世代によって行なわれる戦争「犠牲者」の「追悼」の中心は、直接的な悲しみではあり得ない。さまざまなメディアや儀式的演出によって「悲しみの感情」を生み出すことに成功したとしても、そのような一時的な感情の高揚は、儀式を離れた現実の場で積極的、持続的に何かを生み出すものにはなりえないであろう。

戦争の犠牲者を、歴史的事実に基づいて意識にもたらし(「犠牲者の名指し」)、「受動的犠牲者」、「能動的犠牲者」、「犠牲者となった加害者」というような「犠牲者」の「差異」や「区別」に徹底的に向かい合うならば、その時、単に多様な死者を一括し、一つの悲しみの感情に包括するような「追悼」

は、もはや不可能であろう。「犠牲者」の想起は「加害者」の想起をもたらすことを避けられないからである。

歴史学者ブルクハルト・リーブシュは「歴史的悲しみ」についての論考において、「道義的悲しみ」という言葉を用いた。それは、既に起こってしまったことに対して抱く、全く別様にもあり得た、そうであってはならなかったというプロテストを核とする悲しみの感情である。★60

戦争の死者の共同想起とは、それらの死者がなぜ、死なければならなかったのか、なぜ、殺されたのか、なぜ殺さなければならなかったということについて悲しみだけではなく、怒りや懐疑や抗議を伴う「道義的」次元を内に持つものであるべきである。そうであるならば、その共同想起は、過ちを決して繰り返さないというような単なる形式的なスローガンではなく、今の現実に対して、また将来に対して具体的な内容や方向性をもった共同的意志を形成する契機ともなり得るのではないであろうか。それは「過去の歴史」を完結したものとして、空間や時間や、また象徴的儀式に閉じ込めることとは全く対極のものとして構想され得る。

【注】

（1）現在、この団体は国の内外にある主として軍人墓の整備、維持、管理、戦死者遺骨の発掘、埋葬、戦死者のデータの収集や遺族の墓地への旅行企画等を行なっている。

（2）Vgl. Jan-Holger Kirsch, Trauer und historische Erinnerung in der Berliner Republik Überlegungen aus Anlaß der Mahnmalsdebatte, in: Burkhard lliebsch/Jörn Rüsen（Hg.）, Trauer und Geschichte, Köln usw. 2001, S. 356.

（3）Vgl. Rita Martens/Matthias N.Lorenz, Gedenk-und Nationalfeierfage, in: Torben Fischer/Matthins N, Lorenz (Hg.), Lexikon der „Vergangenheitsbewältigung“ in Deuschland, 2007, S. 75.

（4）一九九〇年、統一記念日はそれが実現した十月三日になった。

（5）Vgl. Kirsch, a.a.O.

（6）Vgl. Art. „Denk Mal“, in: Der Spiegel 16/1986.

（7）Vgl. Rudolf Walter Leonhardt, „Bergen, Belsen und Bitburg“, in: Die Zeit 18/1985.

（8）Vgl. Maren Röger, „Bitburg-Affäre“, in: Fischer/Lorenz (Hg.), a. a. O., S. 228.

（9）Vgl. „Der Handhalter von Verdun“, in: Der Spiegel 1985/20.

（10）Rede von Bundespräsident Richard von Weizsäcker bei der Gedenkveranstaltung im Plenarsaal des Deutschen Bundestages zum 40. Jahrestag des Endes des Zweiten Weltkrieges in Europa, 8.5.1985.

（11）この演説で挙げられた犠牲者（死者）を列挙する。強制収容所で虐殺された六百万人のユダヤ人、戦争で苦しんだ民族、国民、特に殺されたソビエト、ポーランドの市民、兵士。空爆や、捕囚、追放によって死んだドイツ人。虐殺されたシンティー・ロマ、同性愛者、精神病者、宗教的、政治的信念によって殺された者、射殺された捕虜、ドイツに占領された国の抵抗運動の犠牲者、ドイツの市民、軍隊、また宗教的信念による抵抗活動によって殺された者。労働運動、組合運動、共産党の抵抗運動で殺された者、良心に従って死を甘受したもの。

なお、ここでは、死者だけではなく、当時の人々が体験した苦しみについても、更に列挙された。怪我や障害、強制的避妊手術、死や逮捕の不安、飢えや苦しみ、空爆の夜の苦しみ、全ての失ったことによる苦しみ等々である。

（12）Vgl. Art. „Denk Mal“, in: Der Spiegel 16/18.
（13）Vgl. Kirsch, a.a.O. S. 357f.
（14）Vgl. Katharina Lange, „Gedenkstätte Neue Wache“, in: Fischer/Lorenz（Hg.）, a. a. O, S.271.
（15）Vgl. Peter Reichel, Vergangenheitsbewältigung in Deutschland, München 2007, S. 15 f.
（16）Vgl. Art. „Neue Wache wird Zentrale Gedenkstätte“, in: Frankfurter Allgemeine Zeitung vom 29.1.1991.（以下、FAZと略称する）
（17）Vgl. Peter Jochen Winters, in: FAZ, 13.11.1993.
（18）米沢薫『記念碑論争』社会評論社、二〇〇九年、二五八頁以下参照。
（19）Vgl. „Treu und Fest“, in: Der Spiegel 1985/20.
（20）Vgl. Art. „Neue Wache wird Zentrale Gedenkstätte“, in: FAZ vom 29.1.1993.
（21）Zit. nach Karl Feldmeyer, „Erinnerung, Trauer und Ermahnung“, in: vom FAZ 15.5.1993.
（22）Vgl. Regina Wyrwoll, „Umstrittene Symbolik“, in: Süddeutsche Zeitung vom 15.5.1993.
（23）Zit. nach ebd.
（24）Vgl. Wilhelm Weber, a.a.O.
（25）Vgl. Regina Wyrwoll, a.a.O.
（26）Vgl. ebd.
（27）Zit. nach ebd.
（28）Vgl. Art. „Neue Wache wird Zentrale Gedenkstätte“, in : FAZ vom 29.1.1991.
（29）Zit. nach Art. „Neue Wache wird Zentrale Gedenkstätte“, in: FAZ vom 29.1.1993.

（30）Vgl. Koselleck, „Welsche Totengedenken?", in: FAZ vom 8.4.1993.

（31）Vgl. ebd.

（32）Vgl. ebd.

（33）Vgl.Wilhelm Weber, „Mißbrauchte Pietà", in: FAZ vom 23.2.1993.

（34）一九五七年に第一次大戦で戦死した二万七千を超えるドイツ兵士を埋葬する軍人墓地がフラッツローにつくられた。現在、この像はその墓地の入り口にある。ドイツ戦没者墓地管理団体のサイト参照（http://www.volksbund.de/kgs/stadt.asp?stadt=503）。

（35）Vgl. Wilhelm Weber, a.a.O.

（36）Vgl. ebd.

（37）Reinhart Koselleck, „Stellen uns die Toten einen Termin?", : FAZ vom 4.8.1993.

（38）Ebd.

（39）Vgl. Art. „Neue Wache wird Zentrale Gedenkstätte", in: FAZ vom 29.1.1993.

（40）Vgl. Koselleck, „Welsche Totengedenken?", in: FAZ vom 8.4.1993.

（41）同様の指摘は以下参照。クリスティアン・マイアー「分離された想起の徹底的無意味さ」（米沢前掲書二五八―二五九頁。（Christian Meier, „Der Konsequente Aberwitz geteilten Gedenkens", in: FAZ vom 25.7.1997）（筆者は不注意から、追悼記念板の設置場所をこの論文において連邦議会堂中庭と誤訳した（二二二頁）。正しくはボンのホーフ公園である）。

（42）Koselleck, a.a.O.

（43）Ebd.

(44) Ebd.

(45) Marianne Heuwagen, „Berlin: Der Streit um die Zentrale Gedenkstätte in der Neuen Wache“, in: Süddeutsche Zeitung vom 15.10.1993.

(46) Zit. nach ebd.

(47) 二〇〇五年に完成した「ヨーロッパの虐殺されたユダヤ人のための記念碑」は通称「ホロコースト記念碑」と呼ばれている。しかしこれはユダヤ人犠牲者のためだけの記念碑であるので、この呼称は不正確である。そのためここではその通称は用いない。

(48) この運動の成立については米沢前掲書、二七―三四頁。

(49) 米沢前掲書四一六―四一七頁、参照。

(50) 例えば以下の論文参照。ロマーニ・ローゼ（シンティー・ロマ協議会議長）「すべての犠牲者に記念碑を――ナチス政権の迫害に一等、二等の区別はなかった」(Romani Rose, „Ein Mahnmal für alle Opfer“, in: Die Zeit vom 28.4.1989)、米沢前掲書、四三―四七頁参照。

(51) 同上、三五頁以下参照。

(52) Vgl. Ignatz Bubis (mit Peter Sichrovsky), Damit bin ich noch längst nicht fertig. Die Autobiographie, Frankfurt a. M.1996, S. 280.

(53) Vgl. Art. „Nicht nur mit einem Halbsatz gedenken“, in: FAZ vom 8.11.1993.

(54) この「安楽死」の計画は、それを決定した別荘のあった場所の住所（Tiergarten 5）の頭文字をとってT5と呼ばれていた。その場所には（ベルリン・フィルハーモニーの傍ら）一九八七年、「ベルリン・カーブ」（リチャード・セラ制作）という記念碑が建てられた。

（55）Vgl. Art. „Pfiffe und Kränze an Schinkels Neuer Wache“, in: FAZ vom 15.11.1993.
（56）Zit nach Art. „Nicht nur mit einem Halbsatz gedenken“, in: FAZ vom 8.11.1993.
（57）Vgl. ebd.
（58）Art. „Pfiffe und Kränze an Schinkels Neuer Wache“, in: FAZ vom 15.11.1993.
（59）米沢前掲書、七四頁参照。
（60）Vgl. Burkhard Liebsch, „Trauer als Gewissen der Geschichte?“, in: Burkhard Liebsch/Jörn Rüsen (Hg.), Trauer und Geschichte, Köln usw. 2001, S.52.

【主要参考文献】

＊ノイエ・ヴァッヘの問題は「ヨーロッパの虐殺されたユダヤ人のための記念碑」の論争において批判的に継承され、さらに掘り下げられた。本文で指摘した二つの記念碑の実際的、本質的関わりと「犠牲者のヒエラルキー」について言及した重要な文献を挙げておく。

クリスティアン・マイアー「分離された想起の徹底的無意味さ――もし犠牲者の一般化が機能しないとすれば」、『フランフルト・アルゲマイネ』、一九九七年七月二十五日（米沢『記念碑論争』、二五六頁―二六四頁。原題は本文注（41）参照）。

ライハルト・コゼレック「間違った焦り――ホロコースト記念碑は犠牲者のヒエラルキーをつくる」、『ツァイト』一九九八年三月十九日（同前書、二六九頁―二七五頁、Reinhart Koselleck, „Die falsche Ungeduld“, in: Die Zeit vom 19.3.1998）。

アンドレアス・クラウゼ・ラント「死において一致し記念碑において分けられる」、『ベルリン新聞』一九九七年一月十日（同前書、二四八頁—二五五頁、Andreas Krause Landt, „Im Tode vereint, im Denkmal getrennt", in: Berliner Zeitung vom 10.1.1997)。

ヴァルター・グラスカンプ「想起の心地よさ——ノイエ・ヴァッヘか、それともナチスによるユダヤ人犠牲者だけの分離した記念碑か。死者の「正しい」想起はあるのか」、『ツァイト』一九九四年年十一月十八日（同前書、二四一頁—二四八頁、Walter Grasskamp, „Die Behaglichkeit des Gedenkens", in: Die Zeit vom 18.11.1994)。［本文でも言及した記念碑の新たな可能性としてのアンチ・モニュメントの作品を紹介している］。

第4章…済州・虐殺と追悼

「死者」の再構成という観点

高誠晩

〝はじめて済州の地に真正な春が来ています。残忍な四月が和解と和合の四月に変わっています[1]。〟

1　はじめに——追悼する国家の二重性

極端の時代[2]、野蛮の二十世紀[3]を経ながら、世界各地で発生した人種的、理念的、宗教的、経済的紛争と虐殺は大規模の人命被害と共同体の分裂を招き、それによる傷跡と後遺症は今日にいたるまで多種多様に続いている。これらは主に、過去に対する記憶闘争の場で、そしてコメモレイションをめぐる象徴闘争の場で再現される。特に、過去の虐殺と現在の追悼における、国家と国民が各々主体と対象の関係を形成する場合、そこにはナショナリズムの問題も介入するようになる。そのため、虐殺以降に持続する傷跡と後遺症、そして追悼する国家が持つ虐殺の記憶は消滅するというよりも、時代によって変容したり時には新しい紛争を助長する可能性も内在しているといえる。

虐殺の経験を持つ国家は、今日、死者へ菊花を捧げる一方で、鉄砲と刀を握った過去についての歴史敍述や記念、援護・賠償などをめぐる対応において多様な問題を引き起こしている。これは、国家が虐殺という過去を否認したり無視したりするときだけに限定されることではなく、過去を克服あるいは清算しようとする積極的な試みの過程でも現れる。そのため虐殺に対する「追悼する国家の二重性」は、虐殺後社会に生きている我々に重要な示唆を与えると同時に、この「二重性」そのものに対する問いを立て、それに答えなければならないという実践を要求する。これらは、本書のテーマである「国家が死者を追悼する」ということには、一体どのような問題が内在しているのか」ということにつながる問題でもある。

記憶は、社会的であるがゆえに、一個人を取り囲む政治、社会、文化などの環境によって過去の特定の部分が浮上したり忘却されつつ変容する。このような過程で記憶の政治[★4]が作動するのであるが、それは追慕と追悼、慰霊などの記念儀礼とモニュメントの建立のようなコメモレイションのプロセスで具体的に介入する。特に、虐殺した国家が追悼する国家へと変貌する過程で最も積極的に作動し、虐殺の記憶の再構成へと動員される。それゆえ、虐殺と追悼の主体であった（である）国家の二重性を明らかにすることの重要性、すなわち虐殺に対する史実と表象または象徴との間隙に対して疑問を提起する必要がある。これとともに、特定の記憶が「公的」な位置を要求すること自体への懐疑[★5]も必要だろう。

以上の論議に基づいて本稿は、二十世紀東アジアの代表的な紛争であり民間人虐殺とされる韓国の済州四・三事件[★6]を題材に取り上げ、二〇〇〇年以降韓国政府によって主導されているこの事件の「過去清算」への試みと、その過程での死者の選別及び続くプロセスとして公認された「犠牲者」のみを対象とするコメモレイションの様相を考察する。[★7]

まず、本稿の歴史的背景となる済州四・三事件についてみてみよう。

米軍政による支配期の一九四七年に発生し翌年の韓国政府の樹立後にも約七年間続いたこの事件で

は、韓国現代史において朝鮮戦争に次いで人命被害が大量に発生した。一九四五年の植民地解放以降、南朝鮮に駐屯した米軍政の政策上の混乱が続くなか、左右政治勢力間の葛藤と貧困、疾病などの多様な社会問題で済州島内の民心も動揺した。このような状況で、南労党済州島党★8を中心とした抗争グループ★9が、米軍政と警察、そして極右性向の西北青年会の強圧に対して「弾圧ならば抗争だ」というスローガン★10を掲げ抵抗するとともに、米軍政と李承晩《イスンマン》などの右翼勢力が主導する南朝鮮のみの単独政府の樹立とそのための単独選挙、すなわち単選・単政を食い止めるために、一九四八年四月三日に蜂起を決行した。それにもかかわらず同年八月と九月にそれぞれ南側と北側で分断政府が樹立されてしまった。その後、南側の韓国政府は済州島の事態を本格的に鎮圧するため軍隊と警察などの公権力のみならず、西北青年会のような民間組織にいたるまでを★11島へ派遣し強力な討伐政策を実施した。そして同年十一月十七日、済州島全域に戒厳令を宣布し、島の中心部にある漢拏山《ハルラサン》を拠点とした抗争グループを鎮圧するために強硬な討伐作戦を展開すると同時に、民間人の中で抗争グループを探し出すという名目、抗争グループに協力したという名目で抗争グループと多数の罪のない民間人を虐殺した。結局一九五七年四月に「最後の武装隊」の呉《オ》○○が捕えられて事件は公式に終結を迎えた★12。

その後、この事件に対する韓国社会内の支配的言説は、時代によって大きく変化してきたが、それはおおむね一九四八年四月三日の蜂起を「アカ」、すなわち共産主義者に煽動された暴挙とみる「暴動論」と米軍政・韓国政府の暴力的圧政と抑圧に対する民衆の異議申し立てとみる「抗争論」とに分かれる。そして事件当時から以降の軍部政権期に圧倒的に支配的であった「暴動論」の影響によって、特に一九六〇―八〇年代の軍部独裁政権期には、この事件に関して公に語ることさえタブーとなったが、これは連座制[★13]のような反共装置を通じてレッド＝コンプレックスによる自己検閲への強要として具体化されたりした。その後一九八〇年代後半、韓国社会の民主化とともに徐々に事件について自由に語ることができる雰囲気が形成された。同時に、タブーの領域に封印されていた当事者の記憶も少しずつ解放され集合化しはじめた。事件に対する正しい見直しへの要求は徐々に高くなり、一九九八年から十年間の民主政権期になってからは国会が「済州四・三事件真相糾明および犠牲者名誉回復に関する特別法」（以下、済州四・三特別法）を制定し、政府レベルではじめてこの事件に対する「過去清算」に着手することとなった。それにより一九四八年四月三日の蜂起に対する認識のギャップから始まった「暴動なのか抗争なのか」という半世紀以上続いてきた論争は、国家権力によって罪のない民間人が大量に殺されたという問題、すなわち人権蹂躙に焦点を合わせる受難的問題へと論議の中心が移り、今日までこの「民間人虐殺論[★14]」と過去清算への志向として「和解と共存論」が主流言説としての位置を占めるようになったのである。

過去清算を通じて国家は過去の「加害を行なった集団」から、今日の「清算する（善意の中立的な）集団」へと転換し、隠蔽されてきた事件の真相を糾明し被害を受けた個々人の名誉を回復させる主体として位置づけられることとなった。一方、この過去清算には「国民和合」または「国民統合」という新たに生まれた民主化政権の政治的課題を必然的に伴うという批判も提起される[★15]。事件の公式化と同時に試みられるナショナル・ヒストリーへの編入に対する問題提起がそれだ。これとともに、旧体制下の事件にどのようにアプローチし解決するのかという問題、特に公権力の濫用によって発生した人権蹂躪の実態を国家自らがどの水準まで解明し自認することができるのかという具体的な問題も提起される。もう一つ、このような政府主導の過去清算、すなわち事件に対する「法」と「制度」による解決への試みが、「被害を与えた側」および「被害を受けた側」の両者にとっての癒しと共同体の再生の実現につながっているのかについての疑問も存在する。過去清算の過程でもたらされた様々な疑問が実際には幾度となく無視されてきたがゆえに、「果して誰のための過去清算なのか」という問題が頻繁に提起されるのも事実だ。一方、過去清算を主導する韓国政府のみならず、国家による過去、特に長い期間タブーとなってきた過去の公式認定を希願し支持する当事者たち、そして多様な支持勢力もやはり過去清算によって発生した疑問の解消に容易に同意しようとはしない。そして当面の過去清算の課題を保守派への政権交代以前に解決しなければならないという急迫する状況認識が過去清算と同時に発生する、あるいはそれがもたらす問題を議論の外部に追いやってしまい、結局は時間の問題あるいは朝鮮半島の分断状況では根本的に解決できない問題であるとして自己正当化し放置してしまう。より深刻な問題は、このような葛藤の要因を再び議論の場から隠蔽することに内在する権威と暴力が、特定の当事者グループを除外したまま、政治決着として、黙認されてしまうという点である。★16

このような状況認識に基づいて本稿は、虐殺以降、五十余年経過して行なわれている過去清算と、その記念碑的な成果にもかかわらず、過去清算という法的・制度的解決への試みが招く新たな葛藤に焦点を当てようと考える。虐殺という隠蔽したいネガティブな過去が、ナショナル・ヒストリーのカテゴリに抱き込まれていく徴候とともに、意図的に無視される、過去清算が誘発した問題、そしてそれらへの異議申し立てと、それに対する合意した黙認が新たな葛藤へと発展し、再びもう一つの紛争をもたらすかもしれないという危険があるからだ。このため本稿は、過去清算の根幹となっている「済州四・三事件犠牲者審議・決定」[★17]の問題を検討することから始める。国家が設定した基準によってのみ「審議」され「犠牲者」と「認定」される一連の死者の選別と再構成、さらにこれに基づいて彼/彼女らのみを追悼の対象に限定しているコメモレイションとそれをめぐる秩序に対する問題提起へと議論を展開しようと考える。究極的には事件に対する記憶闘争と象徴闘争の場で作動する記憶の政治、そしてそれを可能にするナショナリズムを内在した「追悼する国家の二重性」を指摘する。

このため第2節では、済州四・三事件に対する韓国政府の過去清算を概観し、その中でも最も基礎となるプロセスである「犠牲者審議・決定」を中心に論ずる。次いで、第3節では、虐殺以降の追悼の問題に論議を移して、国家による死者の選別と公認のメカニズムがどのようにコメモレイションとして表象されるのかについて分析する。コメモレイションの主体と対象、動員される資源を分析することによって、この過程でどのような記憶の政治が作動することとなるのかも視野に入れる。最後に第4節では、虐殺以降の追悼においてこのような国家主導のコメモレイションに内在する社会史的意味を整理し、そこから導かれた限界を乗り越えるための試みとして、既存のコメモレイションに対する対抗あるいは克服の可能性を展望してみる。

このような作業を通じて、冒頭に掲げた「真正な春」や「和解と和合の四月」のような美辞麗句を警戒しなければならない理由が明らかになるであろう。

2 誰が「犠牲者」なのか──「死者」の選別と再構成

二〇〇〇年一月、与野党の合意により済州四・三特別法が制定されて以降、同年政府傘下に「済州四・三事件真相糾明及び犠牲者名誉回復委員会」（以下、済州四・三委員会）★18が構成されることによって済州四・三事件に対する韓国政府の過去清算が本格化した。このような法的・制度的な解決策の最も基礎的な出発点となるのはまず、「誰が事件の犠牲者であり、誰が彼／彼女らの遺族なのか」を明らかにすること、すなわち「犠牲者」と「遺族」を審議・決定して公式化する作業であった。名誉回復の対象や糾明すべき真相など過去清算の内容と範囲、対象がこのような公式化された対象によって具体化されるからだ。その結果、この「犠牲者審議・決定」過程を通じて現在まで「犠牲者」として一万三五六四名が、「遺族」として二万九二三九名が政府から公認をうけた。これを通じて二〇〇三年には韓国政府最初の過去清算報告書である『済州四・三事件真相調査報告書』が発刊されることとなり、また国家元首としては初めて盧武鉉《ノムヒョン》大統領が公権力の濫用によって発生した「あやまち」に対して済州道民と遺族たちに二度にわたってお詫びを表明するなど[19]、タブーの歴史の公式化という記念碑的な成果が達成された。これは「過去事の真実糾明と被害者たちの名誉回復がどのように未来に向けた土台になることができるのかを示す成功的な事例[20]」であり、「過去清算の一つの範例としてのプロセスが実現した最初の事例[21]」であったとされる。

しかしながら同じ時期に、この「犠牲者審議・決定」に対して「誰を犠牲者と見るのか」、すなわち「誰が犠牲者なのか」についての認識と解釈のギャップ、そしてその選別基準を合意する問題と関連して済州四・三委員会をめぐって熾烈な攻防が展開された[22]。この中で最も大きな争点は、一九四八年四月三日の蜂起を主導し、以降の対政府ゲリラ戦を展開した抗争グループを「犠牲者」として見ることができるのかということであった。問題は、討伐グループ出身者と抗争グループから被害を負った者の遺族側から始まった。彼らは、済州四・三委員会が構成されるや否や「四・三委員会の犠牲者及び遺族の審査・決定権などは司法部の権限を侵害する規定なので違憲」という要旨の憲法訴願を請求[23]したが、これに対して憲法裁判所は次のような判決を提示した。そしてこれは、済州四・三委員会に最も大きな圧迫要因として作用するようになる[24]。

この法（済州四・三特別法）は「犠牲者」の範囲を自ら明確に規定しておらず、「犠牲者」に該当するか否かの決定を委員会に委任している。その結果「犠牲者」にあたるのかどうかの可否は、委員会の決定という具体的な執行行為を通じてはじめて明らかになる。委員会が将来「犠牲者」

の可否を決定するうえで、この法の解釈及び適用の基準に関して上で明らかにしたように、司令官級の共産武装兵力指揮官または中間幹部として軍・警の鎮圧に主導的・積極的に対抗した者、冒険的挑発を直・間接的に指導または唆したことで本格的な済州四・三事件勃発に責任がある南労党済州島党の核心幹部、その他主導的・積極的に殺人・放火などに加わり自由民主的基本秩序の本質を毀損した者などを「犠牲者」と決定してはならないだろう。[★25]

結局、二〇〇二年三月に済州四・三委員会は「済州四・三犠牲者審議・決定基準」を合意するにいたる。[★26]しかし、委員会はこの「基準」の中で、次のような「犠牲者からの除外対象」を別に明記した。

憲法の基本理念である自由民主的基本秩序及び大韓民国のアイデンティティを毀損しないという原則……①済州四・三事件勃発に直接的な責任がある南労党済州島党の核心幹部 ②軍・警の鎮圧に主導的・積極的に対抗した武装隊の首魁級などは自由民主的基本秩序に反する者であって、現在わが国の憲法体制下で保護されることはあり得ないので犠牲者の対象から除く……。[★27]

憲法裁判所の法解釈を受け入れた済州四・三委員会の「犠牲者審議・決定基準」は、唯一、「済州四・三事件勃発に直接的な責任がある南労党済州島党の核心幹部」「軍・警の鎮圧に主導的・積極的に対抗した武装隊の首魁級など」のような抗争グループのみを「犠牲者」から除外しているのである。[28]

一方、「事件勃発に直接的な責任」があって「除外対象」として分類されたグループ以外に、同じ戦闘員として、事件鎮圧を名目として抗争グループと民間人を無差別的に殺した軍と警察、西北青年会のような討伐グループに対しては何らの言及がない。政府レベルの調査を通じて「討伐グループが大多数の民間人を殺した」[29]と事件の真相を明らかにしたが、彼らを「犠牲者」と公認することによって「自由民主的基本秩序及び大韓民国のアイデンティティを毀損せず、そのため憲法体制下で保護することができる」という解釈を可能としてしまうのである。このような真相調査の結果と「犠牲者審議・決定」とのアンバランスによって、結局彼らに免罪符を与える結果をもたらしたのである。

これとともに、韓国政府は「犠牲者」から排除した者たち、すなわち抗争グループを「犠牲者」の反対領域の加害者カテゴリにも入れない。「加害者だから犠牲者から除く」とは言わないのである。そこには、済州四・三特別法と委員会が「犠牲者」を選別するのと同様に加害者選別をしないという理由がある。そのため、「誰を加害者として見るのか」「誰を加害者から除外させるのか」を審議・決定するための基準もない。委員会はひたすら「この人を犠牲者と認めるのか、認めないのか」について選別するだけで、蜂起を鎮圧し抗争グループを無力化させるために罪のない民間人までをも巻き込んだ大量虐殺の背後に誰がいたかということについてや、虐殺指揮の命令系統を明らかにする「加害」の領域に対するアプローチは「犠牲者」を一人ずつ審査し選別する作業ほど集中的に行なわれたわけではない。[30]ただ「除外対象」として分類されてしまった者のみが過去清算からも排除されたま

表　済州四・三事件における「死者」と「犠牲者」

	殺した者（戦闘員）		殺された者（非戦闘員）
虐殺空間（死者の領域）	討伐グループ	抗争グループ	民間人
過去清算空間（犠牲者の領域）	「犠牲者」（死亡者、行方不明者、後遺障害者）	「犠牲者」から除外	「犠牲者」（死亡者、行方不明者、受刑者、後遺障害者）

ま、加害者でもなく、さりとて「犠牲者」でもない曖昧なところ、いわば「保留の領域」に位置づけられてしまうことになった。

このように虐殺を行なった側である韓国政府は、過去清算を通じて「除外対象」が排除された「犠牲者」の範疇のみを公式化の対象として具体化させている。これを通じて「犠牲者」は、元々の辞書的意味やそれぞれの当事者たちの認識とは異なり「殺した者」と「殺された者」すべてを包括する概念として、そして韓国政府の正統性に「抵抗した者」を除外させる概念として再構成されてしまうことになった。その結果、虐殺空間での多様な当事者のカテゴリは上の表のように類型化されることとなる[★31]が、(1)虐殺した討伐グループと、虐殺された民間人との「死者」はすべて「犠牲者」として再構成され、(2)国家アイデンティティに反する抗争グループの「死者」は「犠牲者」から除外されてしまうようになった。

このように、過去清算を通じた事件の公式化の局面において行なわれた死者の選別は、「殺した者」と「殺された者」が受難的ニュアンスを象徴する「犠牲者」として再編される一方、「犠牲者」と「犠牲者から除外される者」のみを具体化させつつ、虐殺がもたらす死を再構成している。これによって、「死者」の間の加害と被害の複雑な史実を省略し死を「犠牲者」

というカテゴリの中で一元化させると同時に、「犠牲者」と「犠牲者からの除外対象」として死を序列化させてしまう。政府が公式的な真相調査をして、それによって大統領が二度にわたってお詫びすることによって過去の国家権力のあやまちを公式化したが、それと同時に行なわれている過去清算プログラムの「犠牲者審議・決定」は殺した者を殺された者と一緒に「犠牲者」の領域へ編入させることによって虐殺の執行者、すなわち具体的な加害者を隠蔽して彼らのあやまちを免責してしまっているのだ。また、住民たちの蜂起と抵抗が「陸地」からやってきた軍政警察や右翼の横暴に対する自衛的かつ限定的な反攻[33]、そして「統一政府を渇望する民衆の意志」という歴史的意義を持っているにもかかわらず、抵抗した人々をすべて「犠牲者」から除外、すなわち公式化の過程で排除してしまうことによって、彼/彼女らをめぐる史実と彼/彼女らの死の性格を歪曲してしまう側面もやはり見逃すことができない。当時の米軍政と李承晩政府の政策の混乱、そして南朝鮮のみの分断政府を樹立しようとした支配的な動きに対する済州民衆の抵抗は、今日再びタブーの領域へと回帰させられる兆候をみせつつ、政府樹立と前後した時期の韓国社会の矛盾は最小化されてしまって、虐殺をもたらした討伐は、自由民主主義と大韓民国のアイデンティティを守護するためのものとして固定化されている。この点で、再構成され公式化されている済州四・三事件の集合的記憶と、これに基づいた今日の言説様相もやはり、「犠牲者」が象徴するように加害と被害の明確な区分が保留されたまま、ひたすら受難が強調されるだけで、抵抗の記憶は脱落させられてしまっている。

3 「彼／彼女ら」のみのための追悼、「彼／彼女ら」のみの追悼

過去清算のプロセスとして、「死者」を選別し「犠牲者」として再編するのと同時に「犠牲者」に対する記念・顕彰が進められている。

済州四・三事件のコメモレイションの特徴はまず、「犠牲者」に対する政府の集団的な補償として行なわれる点である。すなわち「犠牲者」と「認定」された者に政府が個別的に補償するのではなく、集団的・団体的な方式★35、具体的には政府が大きな単位の資源を投入してモニュメントを建立し、その場所で定期的に記念儀礼を行なって、関連する遺跡地を保存・整備して聖地化させる方式で展開される。もう一つの特徴は、「犠牲者審議・決定」を通じた死者の選別が、「名誉回復」すべき対象の選別＝国家が追悼すべき対象の選別により具体化されるという点である。これによって公認された「犠牲者」のみがコメモレイションの対象となり、死者の選別と再構成による死の一元化と序列化がそのままコメモレイションの過程で表象されて現実化するのである。

大まかには、以上の二つの文脈で「犠牲者」に対する政府主導のコメモレイションが行なわれているが、その中でも二〇〇〇年以降建てられている済州四・三平和公園と、その場所で毎年四月三日に開かれている「済州四・三事件犠牲者慰霊祭」が代表的である。過去清算に投じられる政府の予算も大部分ここに集中している。

済州四・三平和公園の鳥瞰図。
出典：済州四・三平和公園ホームページ（http://jeju43.jeju.go.kr）

済州四・三平和公園（2010 年 4 月 3 日撮影）。

第六十二周年済州四・三事件犠牲者慰霊祭（2010 年 4 月 3 日撮影）。

済州四・三平和公園には総面積約三九万六七四三㎡（一二万平方㎡）の規模で九九三億ウォンの建立費が政府から投入されているが、二〇一〇年七月現在全三段階の工事のうち二段階が完了した状態だ。去る二〇〇三年に慰霊祭を挙行するための慰霊祭壇（慰霊塔と位牌奉安所など）が完工され、事件勃発六十周年を迎えた二〇〇八年には済州四・三平和祈念館が開館した。また、二〇〇九年四月に刻銘碑が、同年十月に行方不明者の標石が建てられた。★36

慰霊祭壇の位牌奉安所には、済州四・三委員会が「認定」した「犠牲者」の位牌一万三千余基が事件当時の行政区である邑面里（日本の町や村に該当）別に安置されている（犠牲者の本籍が基準）。位牌では、同じ名字を持っている「犠牲者」の名前を確認することができるが、これを通じて当時の済州島の集姓村（同じ姓の一族が集住する村）の様相を把握することができるほど、虐殺は島全域にわたって集団的に行なわれたことが分かる。また位牌の中には、「金《キム》〇〇の妻」や「姜《カン》〇〇の一女」「姜〇〇の二女」のような女性被害者のものを確認することができ、「〇名未詳」や「李《イ》〇〇の一子」「李〇〇の二子」のように戸籍に登載されなかったり名前をつける前に殺された乳児のものも多数確認することができる。

刻銘碑にも位牌と同じように「犠牲者」の名前が刻まれているが、位牌が犠牲者の名前だけ書かれていることに比べ、刻銘碑には犠牲者の性別と当時の年齢、犠牲とされた日時、犠牲の類型（死亡、行方不明など）が加えて刻まれている。刻銘碑の全長は一二九・五メートルで、位牌と同じように「犠牲者」の名前は彼／彼女らの本籍を基準として各邑面里別に刻銘されている。

位牌奉安所（2010 年 4 月 3 日撮影）。

刻銘碑（2010 年 4 月 2 日撮影）。

標石（2010年4月3日撮影）。

最近完工した「行方不明者の標石（以下、標石）」は、事件当時に行方不明となり今日まで生死を確認することができない行方不明者たちのために別に用意された慰霊施設である。特に、標石には位牌や刻銘碑とは異なり行方不明となった場所が刻まれているが、その中には討伐グループによる鎮圧作戦から逃避中に捕えられ、ソウルの麻浦《マポ》から仁川《インチョン》、大邱《テグ》、大田《テジョン》、木浦《モッポ》のような陸地にある刑務所に不法に収監された者で、一九五〇年に朝鮮戦争が勃発するや否や南に後退する韓国の軍隊と警察により虐殺・秘密裏に埋葬され、現在まで行方不明のままとなっている者も少なくない。

このように位牌と刻銘碑、そして標石は、すべて「犠牲者」を対象とするモニュメントとして、その場所を訪れる遺族たちがお酒をあげたり香を立てたり拝礼をして亡くなった者を追悼することができる契機を提供する。また、虐殺による済州民衆たちの惨状の実態を一目で見ることができるように演出されており、老若男女を問わず集団的に行なわれた虐殺の公認された史実を伝えている。

モニュメントが表象するものはこれだけに留まらない。まず、各々のモニュメントに刻銘された名前は彼／彼女らに与えられた公式のレッテルである「犠牲者」が象徴するように、すべて被害を負った者を表わすものであり、そこには被害を与えた者の痕跡を確認することができない。実際に殺した者と殺された者が区別なく、受難的ニュアンスの「犠牲者」として包括されてしまう状況、そしてそこに内在されている死の一元化という選別のイデオロギーがモニュメントにそのまま反映し秩序化されることによって、国家権力を背負って虐殺空間で民間人を直接殺した、あるいは密告によって他人を死に追いやった、暴力に同調あるいは傍観したなどの多様な加害の史実は刻銘されないまま、「犠牲者」というカテゴリに割り込んで刻まれてしまったのである。

一方、「犠牲者」から除外された者の存在を確認することができない点もまたモニュメントが持つ特徴の一つである。これもやはりモニュメントの秩序が「犠牲者審議・決定」に基づいて形成されるからだ。しかし、モニュメントの中で一番先に建てられた位牌奉安所では、左の写真のように撤去されてしまった位牌の痕跡、それにより残された空白を通じて選別され除外されてしまった「死者」の痕跡を確認することができる。不在を通した存在の確認という逆説的状況は、「犠牲者からの除外対象」に該当する、いわば抗争グループの遺族が済州四・三委員会に「犠牲者申告書」を提出したが、委員会がそのような遺族たちを直接訪ねて申告を撤回するように説得・懐柔して、各々の遺族たちに

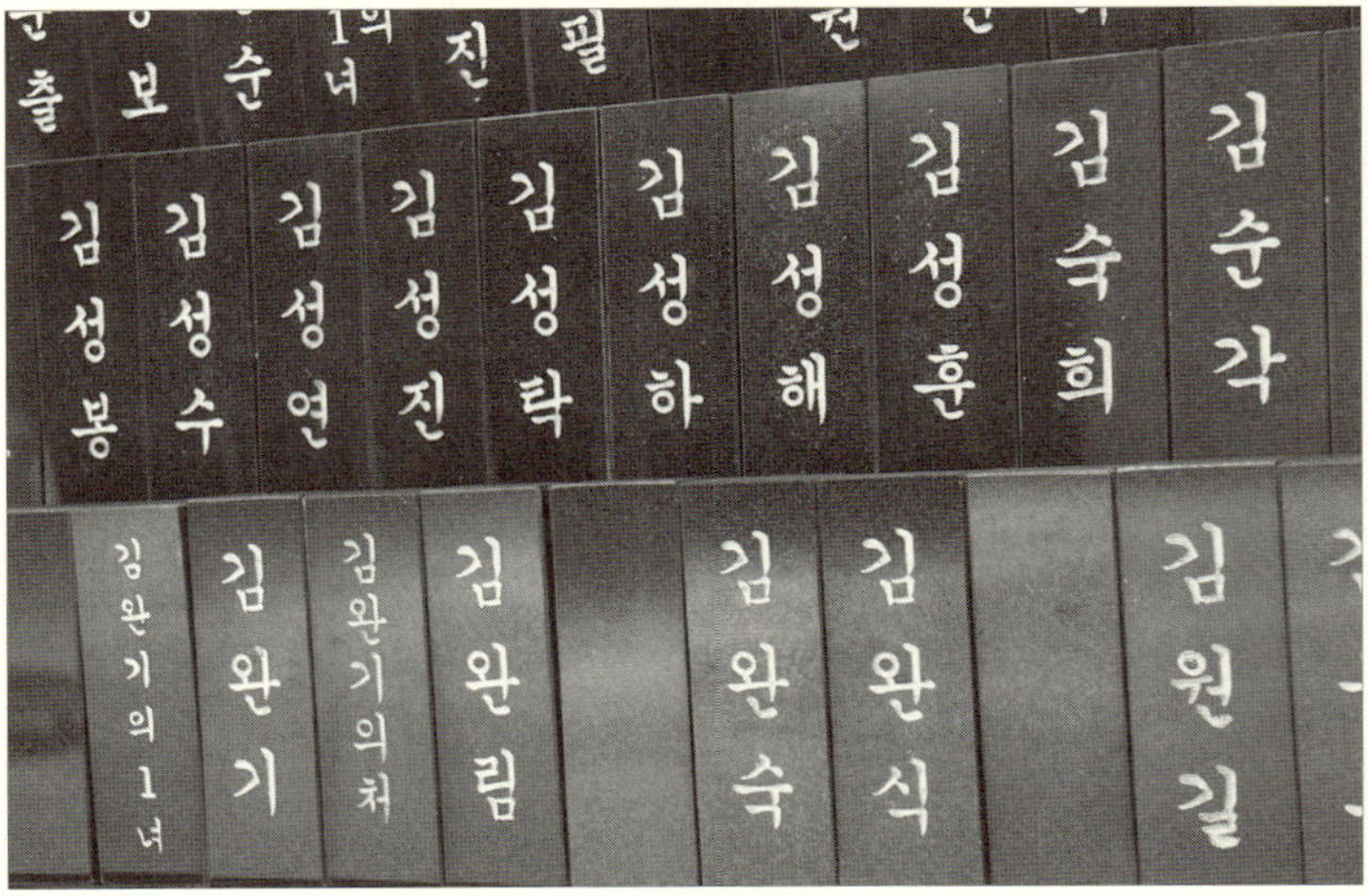

取り去られた位牌の痕跡（2010年4月3日撮影）。

より「犠牲者申告撤回書」を再び提出させて後、すでに設置されていた位牌を取り払ったことによって発生したのである。位牌は、済州四・三平和公園を管理していた済州道庁の四・三事業所が二〇〇六年下旬に取り払ったが、その当時このような事実は撤去された位牌の遺族のみならず、済州四・三犠牲者遺族会のような関連遺族団体や済州四・三研究所のようなNGOにも知らされないまま秘密裡に進められてしまった。[★37] 刻銘碑と標石は、このような位牌の撤去が終わって以降、二〇〇九年に建てられたものであるため位牌奉安所で見られる空白のような「除外対象」の存在自体が省略されている。今後、済州四・三委員会の「犠牲者審議・決定」が終了となれば、位牌の再整列のための工事が行なわれる予定であるが、少なくともその時まではその場所で、取り払われた位牌の痕跡であるこのような空白を通じて済州四・三委員会の「犠牲者審議・決定」で除かれた「死者」、すなわち抗争グループと対面することができるのである。このように「追悼する国家」は、過去清算という局面で死者の選別に内在する死の序列化をモニュメントの中に空白と省略として具体化させることによって、撤去する名前や刻銘しない名前を再び「行方不明」にしてしまっている。そのため、このようなモニュメントが持つ空間の秩序からも脱落させられる「死者」の遺族、そしてモニュメントを通じて過去と遭遇するわれわれ非体験世代は、そのような「死者」と強制的に決別させられざるを得なくなる。それにもかかわらず、大量の資源が動員され建立されているモニュメントの雄壮さは、ここに刻まれた名前をめぐって作動するイデオロギーを隠蔽したまま、まるで事件当時には心ならずも命を失ったが、「犠牲者」とされて、安らかに眠るようになったという錯覚を生じさせる。その結果、モニュメントを媒介とする過去との遭遇は、哀悼と悲しみに限定されるものとなる。

次いで、二〇〇〇年以降、毎年四月三日にこの場所で挙行されている「済州四・三事件犠牲者慰霊祭」を見てみよう。

死者の霊魂を慰めるための祭祀やクッ[★38]のような慰霊行為は、個人レベルでは事件当時から行なわれてきている。特に、抗争グループや民間人の死者に対する追悼は、個別化されざるを得なかった。一方、抗争グループとの交戦で死亡した軍人と警察、西北青年会のような討伐グループに対しては、韓国政府の報勲政策によって一九五〇年代中盤から公式的な場所で慰霊祭を挙行してきている。済州道では「国家報勲処」が主管する忠魂慰霊祭と「戦没軍警未亡人会」の戦没軍警合同慰霊祭が一九五〇年代後半から今日まで続いている。これらは今日、朝鮮戦争とベトナム戦争の戦死者とともに韓国政府の戦死者慰霊プログラムとして反共産主義と国家イデオロギーを拡散・鼓舞するための媒介となっている。

事件に対する語りと記憶がタブー視された時代を経て、隠蔽と沈黙、忘却への強要から徐々に陽のあたる場所に出つつ、民間人の被害者たちが済州のなかで開放的に慰霊行為を組織化できるようになったことは、一九八七年の民主化抗争以後、政府による鎮圧政策が終結してから三十五年後の一九八九年に至ってからだった[★39]。そして、二〇〇〇年以降政府による過去清算によって済州四・三平和公園が建立され、ここで慰霊祭が挙行されることになった。このような「虐殺の公式化」とともに行なわれている記念儀礼は、以前とは異なる様相を見せるようになるが、様々な差異の中で最も顕著な点は、「告由文」と「主祭辞」「追悼辞」のように慰霊祭を通じて流布される公式的な演説やスローガンなどから確認することができる。

われわれ百万内外道民皆が和解と赦《ゆる》しによって道民大統合を成し、「国際自由都市」の建設のために一つになることによって、二十一世紀には確実に希望と繁栄を抱けると確信します。

（第五十四周年済州四・三事件犠牲者慰霊祭の追悼辞）

これまで一万三五六四名が四・三事件の犠牲者として決定され、遺族も二万九二三九名が確定しました。

（第六十一周年済州四・三事件犠牲者慰霊祭の告由文）

「特別自治道」と「国際自由都市」を完成して「世界平和の島」として平和外交の中心地となるために最善を尽くしています。英霊の悔しい犠牲に恥じない済州を造るために最善をつくすつもりです。

（第六十一周年済州四・三事件犠牲者慰霊祭の追悼辞）

われわれの済州島は、風前の燈火の大韓民国を守りぬいた反転と勝利の地として歴史に記録されています……四・三事件のすべての問題が和解と共存の精神により克服されるように願います。

（第六十二周年済州四・三事件犠牲者慰霊祭の主祭辞）

以上のような演説から何種類かの類似性を確認することができる。まず、済州道（地方政府）が推進する主要政策とその当為性が宣伝されて、事件の解決はこのような政策の成功の可否と直結するのだという内容が強調される。二〇〇〇年以後、済州道の力点事業として推進されている「国際自由都市」「特別自治道」「世界平和の島」のようなプロジェクトが慰霊祭で集中的に広報されることが代表的な事例だ。第二に、演説とスローガンに共通するキーワードが「和解」と「赦し」「共存」「平和」に集約されるという点だ。このような言葉は単に慰霊祭だけでなく過去清算の局面で韓国政府と、政府の過去清算方針に同意する大部分の四・三関連団体によって持続的に流布されている。第三に、政府が主導する過去清算の主要成果が列挙される中、その中でも特に犠牲者と遺族の審議・決定の現況が毎年データ化されて公表されているという点を挙げることができる。このように選別された死者のみが「犠牲者」となってモニュメントに刻銘され、また彼／彼女らのみが定期的に追悼されているという点で、毎年繰り返されている演説とスローガンはこのようなコメモレイションを正当化すると同時に、さらに神聖化する役割を果たしているのである。

4　おわりに――当事者不在の時代のため、いま何をすべきか

以上の議論を通して、過去清算という済州四・三事件の公式化の局面で展開されている死者の選別

と再構成、そこに内在化されたイデオロギーが再び「犠牲者」、すなわち公認された死者のみを追悼するコメモレイションとして表象され、「和解」と「赦し」「共存」「平和」などをキーワードとして事件の集合的記憶を形成させていることを明らかにした。虐殺空間での「死者」が過去清算空間で「犠牲者」に変貌する過程では、殺した者と殺された者が「犠牲者」という一つの範疇に再編されつつ、同時に国家アイデンティティに反する者は除かれることで、虐殺によってもたらされた死が一元化され序列化されていることを把握することができた。結局、「和解」「赦し」「共存」「和合」「平和」のような過去清算期の主要な言説は、このような文脈を土台にして流布・拡散されているのである。加害者と被害者という国家と個人の関係が、過去清算を通じた追悼の公式化という局面で、「祭祀長」と「犠牲者」という新たな関係に転換することは民主化にともなう過去の見直しという意味で、韓国現代史において画期的な進展であるといわれているが、一方ではこのような言説の作動が一方的であり暴力的であるために被害当事者個々人に、「和解」と「赦し」「共存」などは体感しにくい、違和感のあるスローガンとなってしまっている。

このような間隙の一つの要因は、ある面で事件の特異性に起因するかもしれない。[★40] 言い換えれば、特に虐殺メカニズムの特異性を十分に理解することができないまま性急に推進された過去清算にその違和感の原因があるのである。済州四・三事件の虐殺は、民衆内部に「殺した者」と「殺された者」が混在しているという特性、いわば「殺した者と殺された者、傍観した者」や「左翼と右翼」、「陸地の人と島の人」、「討伐グループと抗争グループ、そして民間人」、「中山間村の人と海辺村の人」、「同じ民間人の中でも、討伐に参加し殺した側と討伐の対象になって被害を受けた側」など多様な体験者カテゴリが混在しているという特異性を持っている。特に、虐殺過程で討伐グループは、自分たちに友好的な民間人たちを選別し、彼らに軍人や警察に準じる討伐権限を付与した。これを通して「民保団」や「自警団」「郷保団」のような民間人身分の討伐グループが構成されることとなり、殺しあう構造が作り出された。これは虐殺の後にも、殺した者と殺された者が共に住む村で地域の共同体の回復と再生の困難さをより深刻化させる原因になってきた。事件以降六十余年が過ぎた今日においても、村落間、あるいは村落内で加害と被害の経験が混在しているがゆえに、体験者の間に事件に対する認識が異なり、お互いには怨恨と不信が存続しているのである。このような状況にあって個別の虐殺・被虐殺関係において、殺した者は不在となり、「犠牲者」と「犠牲者の外部」のみにより再構成される過去の公式化は、特にこのような違和感をより増幅させ新しい紛争の可能性を内在させるといえる。このような当事者間の問題の外にも、韓国政府による死者の選別が、「犠牲者」から除かれてしまった抗争グループ、直接的には彼／彼女らの遺族とのどのような調整もなかった点を考えれば、再び国家と個人の間に誘発されうる葛藤、そしてその過程で個人が甘受しなければならない剥奪感も見逃すことができない。六十余年を越えるお互いの潜在する葛藤が持続してきた状況で、今日再び政府から「犠牲者」として「認定」された人と「不認定」となった人との間に生み出される新しい形の違和感は、共同体の和解と再生、被害当事者の癒しへの可能性をより困難にさせているのである。このように当事者の間に違和感が依然として交錯する構造では、再び語らなくなる、すなわち意図的に黙ってしまう当事者たちが増える状況を確認することができる。このような自由な語りも保障されないうえに自らを代弁してもらうこともできないグループ、いわゆる虐殺後社会でのサバルタンともいえる当事者グループが生み出されるのである。[★41]

このような違和感は、虐殺に対する追悼が国家記念のレベルに格上げされることでより複雑に展開される様相を見せている。一元化され序列化されてしまう死が済州四・三平和公園とその場所での慰霊祭を通じて空間化されパターン化されつつ混乱を増幅させるからだ。そして「国家主導の隠密裡の忘却の脚本」[★42]はこの過程でもっと力を発揮するようになる。

このような、一層システム化されている「追悼する国家の二重性」、そしてそれが導く「死者との強制的な訣別」を通じてわれわれは、何を喪失するのだろうか。最近済州では、海軍基地を建設しようとする政府とそれに反対する住民とNGOの間の論争がイシューとなっている。基地の敷地に想定された村は、既に賛成・反対に二分されて家族間の交流さえ断絶された状態である。[★43]ところが、海軍基地建設に反対する側の演説やスローガンを見れば「済州四・三事件の虐殺があった……平和の島である済州に……」[★44]という程度にすぎない。一方的な国策事業に対する異議申し立てや抵抗として闘われた試みが、済州四・三事件という歴史的経験にその根拠を有するとはいうものの、運動の動力となる歴史的背景や論理は受難的な過去の経験にすぎなくなっている。これは、一九八〇―九〇年代の軍事独裁と無分別な開発などに対抗し行なわれた、民主化運動と開発反対運動のような民衆運動の陣営が、その歴史的根源を済州四・三事件の抵抗精神に求めたこととは大きな違いを示している。これは今日の済州四・三事件が、現実の不合理に対する民衆の抵抗性を象徴する史実として位置づけることがもはやできないということを証明する一例かもしれない。過去清算プログラムが進行しつつ高い社会的代価を支払ったにもかかわらず、このように過去と訣別させられた現在が、方向を失っている徴候が所々で観察されているのである。

以上の問題は、むしろやがて到来する当事者不在の時代になればもっと深刻な様相で展開されるかもしれない。再び混乱と葛藤に落ち込んでしまう当事者と彼／彼女らの遺族たちに和解と共存、平和をイデオロギーとしてではなくリアルなものとして手にすることができるためには、何をどのようにすべきか。そして、非体験世代が「死者」との訣別なしに過去と向き合いつつ、彼／彼女らが記憶闘争と象徴闘争の場でn個の歪曲されない史実そのものを確保することができる方法は何だろうか。多くの人々が放置してしまっている、死者の選別と再構成に内在する問題と、それがそのまま反映されたコメモレイションの限界はどのように克服することができるか。そこに対抗できる可能性はないのであろうか。「四・三の真実に近づくための抵抗的な記憶闘争[★45]」が最も必要な時点である。

その意味で、まず、虐殺による原初的意味の「死者」と公式化の過程で再構成された「犠牲者」を分離させる試みが必要である。さらに、「犠牲者」を「死者」と同等なもの、そして公認され格上げされたものとして認識してしまう惰性から脱し、「犠牲者」カテゴリを問い直しつつ、それに応える過程を日常化しなければならない。これは、「誰を犠牲者と見るのか」という問いをめぐる攻防を時代遅れの理念論争として認識してしまう今日の雰囲気、そして「誰が追悼の対象なのか」という悩みも省かれたまま、神聖化されていく「犠牲者」と固定化されていく「彼／彼女ら」のみのためのコメモレイションに対する問題提起でもある。これらを通じて、すべての過去との対面が再構成された「犠牲者」だけではなく「死者」を通じてもできるような、多中心的なアプローチが必要である。

第二に、これとともに、「犠牲者」に基づいたコメモレイションを解体させようとする試みが要求される。自身が追悼する名前の横あるいは上下が、一瞬にして「空白」にされてしまうことになぜ無関心でいつづけることができるのか。すぐ側で行なわれる権威と暴力に沈黙しつつ、自身に付与された「犠牲者」のみへの追悼しかできないように導くモニュメントの秩序になぜ離脱の必要性を感じられないのか。取り去られた位牌が残した「空白」と、刻銘碑と標石が隠蔽した名前の「省略」をわれわれは、どのように受け入れるべきか。付与された「犠牲者」でしかない、ある転覆の不可能な状況にすでに慣れてしまうわれわれの認識、そして「空白」と「省略」、取り去られたり刻まれなかったりした名前が与えるメッセージにこだわらなければならない。

最後に最近、民間陣営で展開されているいくつかの種類の追悼方式に注目する必要がある。民衆歌手の崔相敦《チェサンドン》が事件の遺跡地を歩き回りながらコンサートをする「音楽巡礼」、抗争グループの暗葬地であるソックリョンイゴルを草刈りする会、討伐グループが撃った銃弾であごを失い死ぬまで顔に包帯を巻いて暮さなければならなかった故ジン・アヨンの生前の家を整備して毎年九月、彼女のために祭祀を執り行なう会の活動などは、公式化された追悼の方式、すなわち済州四・三平和公園とその場所での慰霊祭とは意図的に距離を置いており、新しいスタイルのコメモレイションにおいて試みられる脱空間化と脱パターン化、日常化という点で対抗儀礼の性格を持っているといえる。

当事者不在の時代が現実化されれば、「犠牲者」に集中する事実性と歴史性、さらに神聖性、そして彼／彼女らに基づいたコメモレイションの波及力は、今よりもっと強固となるのであろう。過去との遭遇のための媒介となる「犠牲者」とそのコメモレイションを十全なものとして受容する非体験世代が増加するであろうからだ。その過程で、国家アイデンティティの再生、さらに史実の歪曲と操作の可能性は、より具体化されるかもしれない。

いま、当事者不在の時代を迎える前に何をしなければならないのだろうか。

【注】

(1) 二〇〇九年四月三日に行なわれた「第六十一周年済州四・三事件犠牲者慰霊祭」で朗読された告由文の一部。

(2) エリック・ホブズボーム『20世紀の歴史――極端な時代』河合秀和訳、一九九六年、三省堂。

(3) 李三星《イサムソン》『二十世紀の文明と野蛮』一九九八年、ハンギル社。

(4) 金榮範《キムヨンボム》は、記憶の政治を「集合的記憶の歴史化や無化の過程に介入する社会・文化的及び政治的な力学関係とそれを取り囲んだ言説的実践の機制をまとめる概念」として定義する(「集合記憶の社会史的地平と動学」、『社会史研究の理論と実際』一九九八年、韓国精神文化研究院、一九一頁)。

(5) 森村敏己「記憶とコメモレイション――その表象機能をめぐって」、『歴史学研究』七四二号、一八四―一九一頁。

(6) 二〇〇〇年制定された済州四・三特別法第二条では、済州四・三事件を「一九四七年三月一日を基点にして一九四八年四月三日に発生した騒擾事態及び一九五四年九月二十一日まで済州道で発生した武力衝突と鎮圧過程で住民たちが犠牲された事件」と定義している。また、二〇〇三年に発表された『済州四・三事件真相調査報告書』では、これをより具体化させて「一九四七年三月一日の警察の発砲事件を基点にして、警察・西北青年会の弾圧に対する抵抗と単選・単政（南朝鮮のみの単独選挙とそれによる単独政府）への反対を旗印として、一九四八年四月三日に南労党済州道党の武装隊が武装蜂起して以来、一九五四年九月二十一日に漢拏山の禁足地域が全面開放されるまで済州島で発生した武装隊と討伐隊の間の武力衝突と討伐隊の鎮圧過程で幾多の住民たちが犠牲となった事件をいう」（五三六頁）と定義している。「事件」という名称は、済州四・三特別法が制定された以後に初めて公式化されたのであるが、これ以外にも「抗争」「暴動」「蜂起」「反乱」「民衆受難」「良民虐殺」「民間人虐殺」「事態」など、韓国社会の政治・社会的状況と認識主体の歴史的観点によって様々に表現されてきた。この過程で、多様な論理を背景としてそれぞれの正しい呼び方、すなわち「正名」であることを主張したり、闘争を通して葛藤し対立したり、時には戦略的に合意したりもした。

(7) 済州四・三事件に対する韓国政府の過去清算に対して、「過去清算の模範的事例」（徐仲錫《ソジュンソック》「済州四・三過去清算の意義と四・三平和財団」、『四・三平和財団の設立に関する道民討論会』資料集、二〇〇七年、一五頁）、あるいは「大韓民史上初めてであると同時に唯一の成果」（梁祚勳《ヤンソフン》「済州四・三委員会の活動評価と課題」、『過去事整理活動評価と今後課題討論会』資料集、二〇〇七年、六七頁）と評される一方、「たとえそれが、虐殺の責任者を明らかにして処罰することまで目的とはしないとしても、最小限、虐殺は虐殺で犯罪は犯罪という前提の上で真相調査が始まらなければならなかった」（李ジェスン「反人権的悪法と司法機構の人権侵害」、『法學論叢』第一七輯、二〇〇五年、一九一頁）や「特別法自体が過去清算の正式（真相究明、責任者に対する処罰、適切な賠償、名誉回復、再発防止）に焦点を合わせることができずに、過去責任を取り成す程度ですませてしまった」（朴賛殖《パクチャンシック》『四・三と済州歴史』二〇〇八年、図書出版カク、五〇四―五〇五頁）という批判も提起される。

（8）一九四六年十一月南朝鮮の左派政党である「朝鮮共産党」と「朝鮮人民党」「南朝鮮新民党」が「南朝鮮労働党」に統合されるとともに、済州島の「朝鮮共産党全南《チョンナム》道党済州島委員会」も「南朝鮮労働党済州島委員会」、すなわち「南労党済州島党」に改編された。韓国社会の右翼集団は、一九四八年四月三日の武装蜂起に対して事件当時から「南労党中央党の指令を受けて成り立ったことだ」と主張したが、二〇〇三年済州四・三委員会は「南労党中央党は済州島の武装闘争に直接的に介入しなかった……済州四・三事件は、済州島の特殊な環境と三・一節発砲事件以降に行なわれた警察および西北青年会と済州島民との葛藤、それによってもたらされた緊張状況を南労党済州島党が五・一〇単独選挙に反対するための闘争と組み合わせて起こした独自の事件」（済州四・三委員会『済州四・三事件真相調査報告書』二〇〇三年、二四三頁）と規定している（高誠晩「大量虐殺の過去清算における「合意」に関する研究――「済州四・三事件真相究明及び犠牲者名誉回復委員会」の「犠牲者審議・決定」を事例として」、『京都社会学年報』第一七号、二〇〇九年、九〇頁）。

（9）韓国社会ではこのグループを「武装隊」や「遊撃隊」「自衛隊」「人民軍」「暴徒」「共匪」「山の人」「アカ」「怪漢」などと呼んできた。済州四・三委員会をはじめ一般的には「武装隊」とされるが、本稿では分析の客観性を確保するために「抗争グループ」として表記する。

（10）「親愛なる警察官たちよ！／弾圧なら抗争だ。済州も、遊撃隊は人民たちを守護すると同時に人民とともに立っている。／良心的な警察員、大青員（大同青年団員）たちよ！　あなたたちは誰のためにたたかうか？／朝鮮の人ならわれわれの領土を踏みにじる外敵を退けなければならない。／警察員たちよ！銃口を敵に向けなさい。／良心的な警察員、青年、民主人士たちよ！／早く人民の側に立ちなさい。反米救国に呼応し決起しなさい」（「警察官たちに告げる武装隊の布告文」から抜粋。なお、「警察官」「警察員」の語は原文通り）。

「「四・三」、今日はあなた方の息子娘弟が武器を持って立ち上がりました。／売国の単選・単政に決死の覚悟で反対しよう、祖国の統一独立と完全な民族解放のために！／あなたたちに苦難と不幸を強要する米帝の食人種と走狗たちの虐殺蛮行をとり除くために！／私たちは武器を持って決起しました」（「市民に告げる武装隊の布告文」から抜粋）。

(11) テロの手段を多用するうえ、統制もままならなかった右翼青年グループを軍政が利用することになった（Merrill, John, 1980, "The Cheju-do Rebellion", *The Journal of Korean Studies*, Vol.2: 139-197.（文京洙訳『済州島四・三蜂起』一九八八年、新幹社、一一四頁）。

(12) 以上の済州四・三事件に関する部分は、高誠晩前掲、九〇―九二頁を再構成したものである。日本では、「済民日報」四・三取材班、金重明他訳『済州島　四・三事件』全六巻、一九九四―二〇〇四年、新幹社、文京洙『済州島四・三事件――「島のくに」の死と再生の物語』二〇〇八年、平凡社、が済州四・三事件を詳しく扱っている。

(13) 韓国社会で「連座制」は植民地化以前の一八九四年に制度的に撤廃された。しかし植民地時代に『要視察人名簿』を通じた監視を経て、解放後において南・北朝鮮の対立状況の中で「身元照会」を通じて「特異者」を排除する社会的慣行として露骨に実施されてきた。『済州四・三報告書』もやはり事件の被害類型の中の一つとして連座制による被害を提示している。事件当時、討伐グループの鎮圧政策によって親族が抗争グループに参加したり司法処理を受けたりしたという理由だけで事件以後も被害者の遺族たちが連座制によって監視され、社会活動において極めて厳しい制約を受けた。共同体におびただしい傷跡を残した事件の悪夢が半世紀以上にわたって遺族たちにまで引き継がれたのである。一九八一年、韓国政府は「連座制廃止指針によって全部廃棄した」と主張したが、遺族たちはその後にもずっと連座制の被害を受けたと証言する（済州四・三委員会前掲『済州四・三事件真相調査報告書』、三五八―三六〇頁）。

（14）一九四八年四月三日の蜂起の原因や展開より、それによって発生した民間人の死に焦点が当てられた済州四・三事件の言説の一つである。このような言説は、一九九〇年代中盤から民間人の罪のない死に対する認識を部分的に共有する「暴動論」と「抗争論」の一部によって合意を通じて言説化された。これによって「抗争なのか、暴動なのか」に代表されてきたイデオロギー的対立と論争を止揚することになった。一九九四年に行なわれた、事件に対する認識を異にする「暴動論」側の遺族会と「抗争論」側の市民団体との間の「合同慰霊祭」は、このような言説を形成した代表的な要因であり、言説が反映された結果であった。それは「良民虐殺論」とも呼ばれる。

（15）「人権伸張と民主発展および国民和合に資することを目的とする」と明記した済州四・三特別法と民主化運動関連者の名誉回復及び補償などに関する法律（二〇〇七年一月二十六日公布）のみならず、真実・和解のための過去事基本法（二〇〇五年五月三十一日制定）にも「過去との和解を通じて未来に進むための国民統合に寄与することを目的にする」と規定されている。

（16）次節で詳しく述べるが、韓国政府が主導する「犠牲者審議・決定」の過程で「不認定」となって除かれてしまったり「撤回」の働きかけを受けて最初から審議さえされなかった者の遺族たちが経験している疎外感が代表的である。彼／彼女らの一部は、済州四・三委員会を相手どり行政訴訟を申し立てるなど積極的な対応をする場合もあるが、大部分は過去清算の局面で支持を得ることができないまま、個人レベルの問題として放置されてしまっている。

(17) 済州四・三特別法第二条では「犠牲者」を「済州四・三事件によって死亡もしくは行方不明になった者、後遺障害が残っている者または受刑者で、済州四・三委員会の審議・議決によって犠牲者として決定した者」と定義している。ここで、「犠牲者審議・決定」は、済州四・三事件による被害と関わりのある当事者あるいは遺族が済州四・三委員会にその内容を申告すれば、委員会が審議を通じて「犠牲者」、すなわち死亡者と行方不明者、受刑者、後遺障害者のいずれかに「認定」、反対の場合は「不認定」とすることを意味する。本稿は、このような選別の過程を通じて再構成された領域を済州四・三特別法の用語である「犠牲者」、それ以前の加工されない原初的領域を「死者」として区分する。実際には、死亡した者以外に不法に監禁された者（受刑者）や負傷者（後遺障害者）の一部が生存している。

(18) 済州四・三事件に対する今日の言説状況の形成と拡張を担った、いわゆる言説主体の中心には済州四・三委員会がある。済州四・三特別法が制定されて以降、国家を主体とする過去清算で、大部分の論議と意思決定がこの委員会を中心に行なわれているからだ。済州四・三委員会は、中央政府の「四・三中央委」（委員長＝国務総理）と地方政府の「済州四・三事件真相糾明及び犠牲者名誉回復実務委員会」（委員長＝済州道知事）とに大きく分かれる。四・三中央委の傘下には、「済州四・三事件処理課」と「済州四・三事件報告書作成企画団」があり、諮問委員会として「四・三犠牲者審査小委員会」と「済州四・三犠牲者医療及び生活支援分科諮問委員会」が構成されている。済州四・三特別法の第三条には済州四・三委員会が、⑴済州四・三事件に対する真相調査のための国内外の関連資料の収集及び分析に関する事項 ⑵犠牲者及び遺族に対する審議・決定に関する事項 ⑶犠牲者及び遺族の名誉回復に関する事項などを審議し議決することができると規定されている。

(19) この「済州四・三事件に対する大統領の発表文」は、本稿末尾に【資料1】として添付した。

(20) 大統領諮問政策企画委員会『包括的過去事整理――和解と相生の未来に向けて』、二〇〇八年、一〇四頁。

(21) 文京洙前掲『済州島四・三事件』、二一二頁。

(22) 韓国社会で済州四・三事件に対する著しい認識のギャップと尖鋭な葛藤を反映するように、この問題は憲法訴願と行政訴訟など全六件の攻防が今日継続している。討伐グループ出身の右翼側が済州四・三委員会を被告とした提訴のなかでは、済州四・三委員会が実施している「犠牲者審議・決定」が無効だという内容が主だ。李〇〇など一二名による「済州四・三犠牲者決定無効確認」(二〇〇九구합八九二二)と李〇〇など二百名による「犠牲者決定無効確認の訴」(二〇〇九구합一四六六八)が進行中であり、「国家正体性回復国民協議会」に属する一一五の団体の一四六名が二〇〇九年三月六日「済州四・三特別法は違憲でありこの法によって権利が侵害された」と述べ、「受刑者または武装遊撃隊の加担者が含まれている済州四・三委員会の犠牲者決定を取り消すように」という内容の憲法訴願(二〇〇九헌마一四六)を憲法裁判所に受理させた。同年三月九日に李〇〇(李承晩大統領の養子)、蔡〇〇(済州四・三事件当時、九連隊・十一連隊の小隊長)、李〇〇(牧師)など一二名の請求人が提訴した「済州四・三委員会が認定した犠牲者一万三五六四名中一五四〇名が南労党幹部または暴徒、軍法会議の判決受刑者であるので違憲」という内容の憲法訴願(二〇〇九 헌마一四七)も進行中である。

(23) 済州四・三委員会『和解と相生――済州四・三委員会白書』、二〇〇八年、一六七頁。

(24) 一方、討伐グループとして参加して戦死した軍人と警察を「犠牲者」として見ることができるかということに関する問題も提起された。国家有功者五一九人を含めて警察九一人、軍人二八人が済州四・三委員会に申告されたからだ。これに対して済州四・三委員会は、「民間人の身分で国家有功者となった者は、犠牲者として決定するのに大きな無理はない」と決定し、二〇〇六年には法制処の意見を受け入れて軍人と警察も「犠牲者」として認めるように決定した（同前書、一七三―一七四頁）。

(25) 憲法裁判所 二〇〇一・九・二七、二〇〇〇헌마二三八位、判例集 一三―二、三八三、四〇四―四〇五頁。

(26) この「済州四・三犠牲者審議・決定基準」は、本稿末尾に［資料2］として添付した。

(27) 済州四・三委員会前掲『和解と相性』一四九―一五〇頁。

(28) 済州四・三委員会が「犠牲者審議・決定基準」を合意するにあたって、憲法裁判所の見解を受け入れたことに対して、徐仲錫は、「憲法裁判所の見解を重視しなければ、請求人である右翼側が済州四・三特別法自体に対する違憲訴訟のような多様な方法で委員会の活動を妨げる可能性が高かった」（前掲「済州四・三過去清算の意義と四・三平和財団」二一頁）とし、一方、朴賛殖は、「憲法裁判所が犠牲者から除外されなければならないとした人々は、犠牲ではなく犬死となるのか？……右翼団体と憲法裁判所の牽制のため過去清算の作業に大きな傷が生じてしまった」（前掲『四・三と済州歴史』、五二〇頁）とそれぞれ分析している。

(29) 済州四・三真相調査報告書は、「加害者は軍・警などの討伐隊が八六・一％、武装隊が一三・九％である。このような割合は結局、二万人から三万人に至る無数の多くの住民たちが大部分国家公権力によって犠牲となったことを示している」（済州四・三委員会前掲『済州四・三事件真相調査報告書』三七三頁）と記述した。ここで「加害者」は、報告書上の表現であるだけで、済州四・三委員会が審議・決定する「犠牲者」の反対概念としての「加害者」は存在しない。

(30) 高誠晩前掲「大量虐殺の過去清算における「合意」に関する研究」、九九頁。

(31) ただし、この表を通じて類型化することができない死が存在する。殺した者と殺された者以外に、実際には、傍観者や同調者などが存在し、また事件以降から過去清算以前の間に死亡してしまった体験者などがいるからだ。また、戦闘員の間の交戦が終了した後に討伐グループにより虐殺された抗争グループのメンバーもいる。

(32)「陸地」は、済州のような島嶼部において、「朝鮮半島」を意味する言葉である。

(33) 文京洙前掲『済州島四・三事件』、二一七頁。

(34) 梁正心《ヤンゾンシム》『済州四・三抗争――抵抗と痛みの歴史』図書出版ソニン、二〇〇八年。

(35) この点で、居昌《ゴチャン》良民虐殺事件(一九五一年)と光州《クァンジュ》五・一八事件(一九八〇年)のような個別的な補償を施行した過去清算とは差を見せる。

(36) 三段階事業で青少年キャンプ場やコンベンション施設などが計画中だが、李明博《イミョンバク》政権以後、政府による過去清算がすべて中断したため、予算確保の困難によって現在は、ストップした状態である。

(37) これらの団体を含め済州四・三道民連帯と済州民芸総など、いわゆる主要四・三団体は、後で位牌の撤去に関する事実を知ったが、これまでどの団体も公式的な意見表明をしていない。

(38) シャーマンによる儀礼を意味し、韓国語で「굿」と表記する。金成禮《キムソンレ》は、このようなクッを「真正な哀悼儀礼」として分析し、「クッは四・三の惨酷に対する証言であり、四・三を哀悼する真正な意味の追慕的再現(memorial representastion)……巫俗的な再現は、「許しと和合」の言葉で飾った国家暴力の公式的

再現に対抗することでイデオロギー的効果を得る」と説明する（「近代性と暴力――済州道四・三の言説政治」、『済州四・三研究』、一九九九年、二六三―二六七頁）。

(39)「四・三慰霊祭の主要奉行経過」（『第六十二周年済州四・三事件犠牲者慰霊祭資料集』、一一頁）。日本ではこれより一年前の一九八八年に慰祭行事が行なわれた（文京洙前掲『済州島四・三事件』、二四四頁）。

(40)この点で、在日の四・三研究者である文京洙は、現在の韓国が、「まさにこの「単選」による「単政」として生まれた国家であるという紛れもない歴史的事実に発しているために過去清算をめぐるアポリアが存在している」と指摘する（前掲『済州島四・三事件』、二一三頁）。

(41)高誠晩前掲「大量虐殺の過去清算における「合意」に関する研究」、八八頁。

(42)金成禮前掲「近代性と暴力」、二五六頁。

(43)韓国・文化放送（ＭＢＣ）の「ＰＤ手帳」が製作した番組「済州道、江汀里《カンジョン》はなぜ怒るのか」（二〇〇九年五月五日放送）は、海軍基地をめぐる村住民たちの分裂させられた状況を詳しく描いている。

(44)済州宗教人協議会の記者会見文（二〇一〇年十月十六日）など海軍基地建設の反対側のプロパガンダは、「四・三の痛みがまだ残っている平和の島済州に……」という言い回しが主なものである。

(45)梁正心前掲『済州四・三抗争』、二四五頁。

【主要参考文献】

김성례（1999）「근대성과 폭력：제주도4・3의 담론 정치」、『제주4・3연구』二三八―二六七頁（金成禮「近代性と暴力――済州道四・三の言説政治」、『済州四・三研究』）。

김영범（1998）「집합기억의 사회사적 지평과 동학」、한국정신문화연구원 편『사회사연구의 이론과 실제』、

一五七―二一一頁（金榮範「集合記憶の社会史的地平と動学」、『社会史研究の理論と実際』）。
김영수（2008）『과거사 청산、〝민주화〟를 넘어 〝사회화〟로』메이데이（金ヨンス『過去事清算、「民主化」を乗り越え「社会化」へ』）
대통령자문정책기획위원회（2008）『포괄적 과거사 정리――화해와 상생의 미래를 향해』（大統領諮問政策委員会『包括的過去事整理――和解と相生の未来に向けて』）。
박찬식（2008）『4・3과 제주역사』도서출판 각（朴賛殖『四・三と済州歴史』）
서중석（2007）「제주4・3과거청산의 의의와 4・3평화재단」、『4・3평화재단의 설립에 관한 도민토론회』자료집（徐仲錫「済州四・三過去清算の意義と四・三平和財団」、『四・三平和財団の設立に関する道民討論会』資料集）。
양조훈（2007）「제주4・3위원회의 활동평가와 과제」、『과거사정리 활동 평가와 향후 과제 토론회』자료집（梁祚勳「済州四・三委員会の活動評価と課題」、『過去事整理活動評価と今後課題討論会』資料集）
양정심（2008）『제주4・3항쟁――저항과 아픔의 역사』선인（梁正心『済州四・三抗争――抵抗と痛みの歴史』）
이삼성（1998）『20세기의 문명과 야만』한길사（李三星『二十世紀の文明と野蛮』）
이재승（2005）「반인권적 악법과 사법기구의 인권침해」、『법학논총』제17집（李ジェスン「半人権的悪法と司法機構の人権侵害」、『法學論叢』第一七輯）
제주4・3사건진상규명및희생자명예회복위원회（2003）『제주4・3사건진상조사보고서』（済州四・三事件真相糾明及び犠牲者名誉回復委員会『済州四・三事件真相調査報告書』）
――（2008）『화해와 상생――제주4・3위원회 백서』（『和解と相生――済州四・三委員会白書』）

제주４·３사건희생자위령제봉행위원회（2002）『제54주년 제주４·３사건희생자범도민위령제자료집』（済州四·三事件慰霊祭奉行委員会『第五十四周年済州四·三事件犠牲者汎道民慰霊祭資料集』）

――（2009）『제61주년 제주４·３사건희생자위령제 자료집』（『第六十一周年済州四·三事件犠牲者慰霊祭資料集』）

――（2010）『제62주년 제주４·３사건희생자위령제 자료집』（『第六十二周年済州四·三事件犠牲者慰霊祭資料集』）

高誠晩（2009）「大量虐殺の過去清算における「合意」に関する研究――「済州四·三事件真相究明及び犠牲者名誉回復委員会」の「犠牲者審議・決定」を事例として」、『京都社会学年報』第一七号、八七―一一一頁。

冨山一郎（2006）『増補　戦場の記憶』日本経済評論社。

文京洙（2008）『済州島四·三事件――「島のくに」の死と再生の物語』平凡社。

森村敏己（2000）「記憶とコメモレイション――その表象機能をめぐって」、『歴史学研究』七四二号、一八四―一九一頁。

Hobsbawm, Eric J.,（1994）*Age of extremes : the short twentieth century 1914-1991*, London : Michael Joseph.（=1996, 河合秀和訳『20世紀の歴史――極端な時代』三省堂）。

Merrill, John（1980）“The Cheju-do Rebellion”, *The Journal of Korean Studies*, Vol.2: 139-197.（=1988, 文京洙訳『済州島四·三蜂起』新幹社）。

Spivak, G.C.（1988）“Can the Subaltern speak?” in *marxism and the interpretation of culture*, Urbana:University of Illinois Press.（=1999, 上村忠男訳『サバルタンは語ることができるか』みすず書房）。

［映像資料］

「제주도、강정리는 왜 분노하는가」（문화방송（ＭＢＣ）「ＰＤ수첩」、二〇〇九년五월 五일 방송분）（＝文化放送（ＭＢＣ）の「ＰＤ手帳」、「済州道、江汀里はなぜ怒るのか」、二〇〇九年五月五日放送）。

［付記　本稿は、二〇一〇年―二〇一一年度日本学術振興会科学研究費補助金（特別研究員奨励金）による成果の一部である。］

【資料1】

済州四・三事件に対する大統領の発表文

尊敬する済州道民と済州四・三事件遺族のみなさま、そして国民のみなさま、

五十五年前、平和な島ここ済州島で韓国現代史の大きな悲劇のなかのひとつである四・三事件が発生しました。済州島民は国際的な冷戦と民族分断という歴史の流れの下でおびただしい人命被害と財産損失を被りました。

私はこのたび済州を訪問する前「四・三事件真相糾明及び犠牲者名誉回復に関する特別法」により各界人士で構成された委員会が二年余の調査を通じて議決した結果の報告を受けました。委員会はこの事件で罪のない犠牲が発生したことに対する政府のお詫びと犠牲者に対する名誉回復、そして追慕事業の積極的な推進を建議してきました。

私は今こそ解放直後の政府樹立過程で発生したこの不幸な事件の歴史的決着を付けなければならないと考えます。

済州島で一九四七年三月一日を基点とし、一九四八年四月三日に発生した南労党済州島党の武装蜂起、そして一九五四年九月二十一日まで続いた武力衝突と鎮圧過程で多くの人々が罪なく犠牲となりました。

私は委員会の建議を受け入れて国政の責任を負っている大統領として過去の国家権力のあやまちに対して遺族と済州道民のみなさまに心よりお詫びと慰労を申し上げます。罪なく犠牲となった霊《みたま》を追慕して謹んで御冥福をお祈りいたします。

政府は、四・三平和公園の造成、迅速な名誉回復など委員会の建議事項が速やかに実現するように積極的に支援します。

尊敬する国民のみなさま、
過去の事件の真相を明らかにし、無念であったであろう犠牲者の名誉を回復させる事業は決してその犠牲者と遺族だけのためではありません。

大韓民国の建国に寄与した方々の忠誠心を重んじると同時に、歴史の真実を明らかにして過ぎし日のあやまちを反省し、真の和解を成し遂げてより明るい未来を約束しようとするところにその意味があります。

いまや私たちは四・三事件の大切な教訓をより昇華させることによって「平和と人権」という人類普遍の価値を広めてゆかねばなりません。和解と協力を通じてこの地ですべての対立と分裂を終熄させて韓［朝鮮］半島の平和、ひいては東北アジアと世界の平和への道を拓いてゆかなければなりません。

尊敬する済州道民のみなさま、
みなさまは廃墟から立ち上がり、みずからの手でこのように美しい平和の島・済州の再建を成し遂げました。済州道民に心より敬意を表します。

今後、済州道は人権の象徴であると同時に平和の島として確固たる地位を占めるでありましょう。そうなるべく、全国民とともに力添えいたします。ありがとうございました。

二〇〇三年十月三十一日

大統領　盧武鉉

＊済州四・三委員会『和解と相生』一二〇頁から抜粋・翻訳。

【資料2】

済州四・三事件犠牲者審査基準

1　基本原則

犠牲者の範囲を決めるにあたり、済州四・三事件の犠牲者とその遺族らの名誉回復を通じて犠牲者たちの無念を晴らし、赦しと和解を通じて国民和合と民主発展、人道と同胞愛によって民族の団結を強固にするという四・三特別法の制定趣旨と我が国の憲法の基本理念である自由民主的基本秩序及び大韓民国のアイデンティティを毀損しないという原則との調和が望ましいので、四・三特別法の趣旨を活かし犠牲者の範囲を最大限幅広く認めるが、ただ例外的に自由民主的基本秩序に反する者は犠牲者から除く。

2　犠牲者の範囲

済州四・三事件の犠牲者は四・三特別法第二条及び同法第三条第二項によって一九四七年三月一日を基点にして一九四八年四月三日に発生した騒擾事態及び一九五四年九月二十一日まで済州島で発生した武力衝突と鎮圧過程で住民たちが犠牲となった事件で、①死亡した者　②行方不明になった者　③後遺障害が残っている者を対象とし、四・三委員会で四・三事件の犠牲者として審査・決定された者とする。

3　犠牲者の範囲から除外対象

①済州四・三事件勃発に直接的な責任がある南労党済州島党の核心幹部　②軍・警の鎮圧に主導的・積極的

に対抗した武装隊の首魁級などは自由民主的基本秩序に反する者であって、現在わが国の憲法体制下で保護されることはあり得ないので犠牲者の対象から除くが、この場合そのような行為を客観的に立証することができる具体的で明白な証拠資料がなければならない。

4 審議・決定方法

委員会は犠牲者を審議・決定するにあたり済州四・三事件に関連して犠牲となったのかどうかの可否を審査（形式的な審査）するほかに済州四・三事件と関連して申告した犠牲者の中で自由民主的基本秩序を毀損したかどうかの可否、主導的・積極的参加の程度と当時の混乱した時代的状況及び「他地域と」隔絶した島嶼地域の特殊性などをともに考慮して犠牲者の可否を決定（実質的な審査）するようにし、審議・決定は四・三特別法の施行令第五条第二項によって在籍委員の過半数の出席と出席委員の過半数の賛成により議決するものとする。

＊この基準は、済州四・三委員会の「四・三犠牲者審議・決定」のため、去る二〇〇二年三月十四日、済州四・三委員会の第四回全体会議で合意したものである。済州四・三委員会『和解と相生』一四九―一五〇頁）から抜粋・翻訳。

終章……国家による追悼

何が問題なのか？

山本浄邦

1　国立追悼施設構想、その後

小泉政権において登場した国立追悼施設構想は、その後、靖国参拝をくり返す小泉と、それに力を得た政府・自民党内外の靖国派によって徹底的に無視された。メディアは国立追悼施設構想が「たなざらし」にされた、という表現でこの事態を報じた。

このような政府の姿勢もあって、政府に「対案」を示すと意気込んでいた新しい国立追悼施設をつくる会も、設立総会を開いたまま、その後目立った活動は行なわれなかった。その中心的メンバーである浄土真宗本願寺派の不二川公勝総長（加入時の武野総長から交代）は、二〇〇六年春の宗会（本願寺派の最高議決機関）において「つくる会」参加についての議員からの質問に対し、反対の声が強い教団内世論や「つくる会」が事実上休会状態にあることについて述べた上で自ら「脱会した」との認識であることを明らかにした。これにより、「つくる会」はその目的としていた具体的「対案」を示すことなく、名実ともに終焉を迎えたのである。

中央政界では小泉政権以降、安倍・福田・麻生と自公連立の短命政権が続いたが、これらの首相は日中・日韓関係悪化が経済に与える影響を危惧する財界の声などもあって、小泉のように靖国神社参拝を行なうことはなかった。同時に、国立追悼施設構想が政治日程にのぼることもなかった。多くの人々にとって国立追悼施設構想は「たなざらし」状態どころか、二度と浮上することのない過去のものと考えられるようになっていった。
こうして時が過ぎ、やがて、麻生政権末期の二〇〇九年夏を迎えた。支持率が低迷する麻生自公連立政権を尻目に、「政権交代」を掲げる民主党は総選挙を前に勢いづいていた。次々と「政権交代」時の政策構想を民主党が発表するなか、同党代表の鳩山由紀夫は同年八月十二日、記者団に対して首相の靖国参拝は「A級戦犯が合祀されており」好ましくないとして、次のように発言した。

「どなたもわだかまりなく戦没者の追悼ができるような国立追悼施設に取り組んでいきたい……天皇陛下も靖国神社には参拝されず、大変つらい思いでおられる。……陛下が心安らかにお参りに行かれるような施設が好ましい」。

この発言は、天皇を最高祭祀者とする国立施設をあくまで志向するものである。すでにこの発言の問題性については第1章でふれたのでくり返さないが、国立追悼施設構想が「たなざらし」にされてはいるものの、それはいつでも「たな」から下ろされて検討対象とされ、実現されることもありうる、ということを物語る発言であった。鳩山はもともと国立追悼施設推進派で、二〇〇五年十一月に設立された超党派の議員連盟「国立追悼施設を考える会」では副会長を務めている。しかし、これが単なる鳩山の個人的見解ではなく民主党執行部の意向であったことは、のちに鳩山内閣で外相となる岡田克也民主党幹事長代理が鳩山発言につづいて、「政権交代」後の国立追悼施設建設に向けた有識者懇談会設置を明言したことからも窺える。しかし、鳩山首相が沖縄・普天間の米軍基地問題における背信《ペテン》行為を最後にあっけなく辞任し、菅政権となった現在（二〇一〇年六月末）の時点でも国立追悼施設設置が政府や与党・民主党において具体的な議論の対象とはいまだなってはいないようである。靖国派の根強い反対があるこの問題をあえて議論することに政治的メリットはないという判断もあると考えられる。

今後、政界でどのような動きがおこるかは未知数であるが、「たなざらし」にされたままのこの問題がいつでも議論が再開されうるものであることは今も変わりないだろう。したがって、具体的な議論が表向きは収束しているように見える今こそ、追悼懇設置の頃のような国立追悼施設に「賛成か、反対か」という単純な次元の議論ではなく、「国家による追悼は何が問題なのか」を腰をすえて考えておくべき時ではないだろうか。

これまでに座談会と三編の論考を四章にわたってみてきた。それぞれの章で国家による追悼のさまざまな問題が指摘されたが、ここでは本書の終章として、これらの指摘をふまえて〈国家による追悼〉には一体どのような問題が内在するのか、という本書のテーマを総合的に考えていきたいと思う。

2　選別される「史実」と「犠牲者」

国家による加害行為によって死亡した人々に対して国家による追悼が行なわれる場合、どのような「史実」にもとづいて誰を追悼するのか、ということが課題となる。このとき、「顕彰」されたり、「追悼」したり、「謝罪」したりする「史実」および「犠牲者」が国家によって選別される。すなわち、「顕彰」あるいは「追悼」「謝罪」すべき／すべきでない「史実」とその「犠牲者」が序列化され、選別／排除されるのである。

靖国神社における慰霊・顕彰において、「史実」や死者の選別／排除が行なわれていることはすでに多くの論者によって指摘されるところであり、ここであらためて説明する必要はないであろう。本書では、このような靖国的な顕彰・賛美型の慰霊・追悼とは表面上性格が異なると考えられる独韓二つの事例を考察したが、ここにおいても「史実」や「犠牲者」の選別／排除、あるいはその序列化がみられた。

第3章米沢論文のノイエ・ヴァッへの場合には、追悼すべき「史実」としてドイツ帝国とナチスと東独共産主義政権による「戦争と暴力支配」をあげ、その「犠牲者」を追悼する施設であると国家によって規定された。そこからは、西ドイツから東ドイツを吸収して統一ドイツとなったドイツ連邦共和国による「戦争と暴力」はその「犠牲者」を追悼すべき「史実」から排除されたのである。さらに、ドイツでは記念碑建設をめぐって「犠牲者」グループの序列化がみられた。また、第4章高論文の韓国・済州島の事例では、冷戦構造による南北分断という政治状況を反映した「史実」の選別／排除が行なわれ、「犠牲者」もまた、「犠牲者審議・決定」において韓国の現国家体制に背反しないとされた者に限定されている。
このように、靖国的な顕彰・賛美型の慰霊追悼に限らず、それが何らかの歴史的事実によって死亡した人々を国家が追悼するものである以上、その「史実」と追悼対象たる「犠牲者」が国家によって恣意的に選別／排除されるのである。その追悼は国家公認の「史実」にもとづく国家公認の「犠牲者」のための追悼となる。そこには国家による史実の歪曲や隠蔽が入り込む余地が多分にあるのである。また、「犠牲者」から排除されたり、序列化された「犠牲者」のなかで下位のものとされた当事者の被害の真相究明や国家責任の問題が放置されたり、軽視されたり、あるいは隠蔽されたりということもある。

他方で、座談会や米沢論文、高論文でも言及されているように、同じ「犠牲者」とされた者のなかにも加害者側の「犠牲者」（殺す側にいて殺された者）と「受動的犠牲者」（一方的に殺された者）があり、これらを並列化することによって、加害―被害という関係があいまいになる、という問題もある。これにより、死者一般にも向けられるような「悲しみ」が追悼の前面に出て、歴史的事実はその背後に後退してしまう。遺族をはじめとした身近な人が「犠牲者」とされた人々ほど、その追悼において、他の死者に対する想起がより意識されにくくなり、身近な「犠牲者」のみを想起するような、他者に無関心な追悼となる傾向がうまれるのである。高論文で紹介された、特定の死者の位牌が撤去されたことに対する当事者以外の「犠牲者」遺族らの無関心はそのことを物語っている。

とりわけ加害側にいた「犠牲者」の場合には、絶対的被害者ともいうべき死者への想起を欠落させた、加害─被害という歴史的事実への認識が不在の「悲しみ」のみの追悼が集団的想起において果たして容認されうるのか、という問題がある。国家が加害主体である場合には、このような追悼が国家がその加害責任に対するこれ以上の追及から逃れるための手段ともなる。このような国家による追悼の場はそれぞれが「悲しみ」を表明する場、あるいはせいぜい「たくさんの人が死んでしまって、多くの人々が「悲しみ」をかかえているんだ」という平板化された感情レベルの共同想起の場ではあっても、国家責任を究明し、それを追及することにはなりえないからである。それどころか、済州島の事例のように、これをもって「補償」と言ってしまうことも可能なのである。

日本に目を向けると、追悼懇、「つくる会」などの国立追悼施設構想では日本の敗戦までについては近代日本国家がかかわった「戦争」における「すべての死者」とすることで一致しているが、それを提唱する人々はそこに内在する「史実」の選別／排除に無自覚である。そもそも何が「戦争」であるのか、ということ自体が歴史認識問題の一つである。例えば、韓国併合に前後した抗日戦すなわち韓国でいう「義兵戦争」は日本政府にとっては「義兵闘争」であって「戦争」とは認識されていない。また、靖国問題をつうじて問われた歴史認識は戦争責任のみならず植民地支配責任にも及ぶが、日本政府公認の「戦争」のみを選択して植民地支配において発生した被害（たとえば朝鮮全土で一九一九年におこった三・一独立運動に対する日本による弾圧と虐殺）の歴史的事実を排除している。このように日本政府公認の「戦争」のみを選択して、被害者側の歴史認識を排除・無視し、同時に植民地支配責任は日本政府公認の「戦争」に関するもののみに限定しているのである。これを日本人が「謝罪の施設」などと呼ぶのはあまりにも不遜だといわねばならない。

国家が主体となる以上、国家の歴史に対する公式見解から自由にはなりえないのであり、それと見解を異にする人々、とくに被害者にとってはその歴史認識を死者をつうじて押し付けられることになるのだ。

さらにそれは国家が追悼を通じて構成する国家アイデンティティを再生産しつづけることを意味する。米沢論文でみたように、「史実」と「犠牲者」の選択／排除によって、ドイツ帝国やナチスや東独政権の「戦争と暴力」から分離されたドイツ連邦共和国の「戦争と暴力」は正当性を得るとともに、そのようなドイツ国家のアイデンティティが確立され、さらに追悼施設・追悼儀礼を通じてこの国家アイデンティティが再生産されつづけるのである。国家儀礼はその国家による「暴力行使」が正当なものであることを構成員がともに確認するという性格をもつことを第2章で述べたが、国家が加害者となったある事態における死者を追悼するための国家儀礼を行なうにあたって、このような「史実」と「犠牲者」の選択／排除は追悼する〈国家〉の正当性を確保し、人々にそれを確認させるために必要不可欠なプロセスなのである。

自ら加害主体でありながら、国家は何の権利があって歴史的事実や死者を恣意的に選別／排除するのだろうか。一般に加害者がその加害事実のうちのある部分だけを一方的に選択・解釈して、またそのうちのある被害者のみを恣意的に選択・序列化し意味づけをして、その他の事実やそれに対する被害側の見解、そして被害者そのものを無視するなどということは許されないであろうし、その加害者に公的性格が強ければ強いほどそのような傍若無人なふるまいに対する社会的批判の声も大きくなるものではないだろうか。かりに「平和」や「和解」を標榜するものであったとしても、国家が主体となった場合にのみ、そのような一方的で独善的な解釈にもとづく選択と切りすてが許容されるのか、というところから、国家による追悼を問いなおす必要があるだろう。

3　預言者・救済者となる〈国家〉——死者への情念から政治的エートスへ

序章でも指摘したように、これまでの国家による追悼をめぐる議論はその軍事的機能にのみ限定したり、偏ったりして論じられてきた。このため、国家による追悼が「戦死者のサイクル」を生み出すものである、ということに議論が集中し、ともすれば高橋哲哉『靖国問題』で述べられているように非武装非戦国家の実現によって国家による追悼の問題が万事解決するかのような議論があった。本書でもたびたび指摘されたように、国家による追悼に軍事的機能があり、それが国家による追悼が行なわれる大きな理由の一つであることはあらためて確認できた。しかし、一方で、軍事的機能にとどまらない側面があることもまた、確認できたのである。

すなわち、国家による追悼は軍事をはじめとしたさまざまな国家の目的にその構成員を政治的に動員するための装置である、ということである。総力戦を前提とする近現代の戦争において、国家が構成員を動員するためにこれを活用することはもちろん、これ以外のさまざまな目的をもつ国家が、その目的を達成するべく構成員を動員するためにも国家による追悼が活用されるのである。

高論文で紹介されたように、済州四・三事件の追悼儀礼における「告由文」などでは、菱木政晴が靖国の「教義」と指摘する「あとにつづけ」というメッセージが発せられているわけではなく、「国際自由都市」「特別自治道」「世界平和の島」といった国家によるプロジェクトを達成することが生者が「犠牲者」に報いる道であるかのごとく述べられ、また「和解」「赦し」「共存」「平和」といったキーワードが国家のみならず関連団体によっても流布されている。

ここに国家による追悼が政治的にいかなる機能を有するのかということがよく表われている。すなわち、遺族をはじめとした生者の死者に対する「悲しみ」「怒り」「無念さ」「同情」などの情念のエネルギーを追悼によって国家が回収し、死者に意味づけをし、死者の「犠牲」に応えたり、報いたりする方向性が示されることで、これを国家の目的を実現するためのエネルギーへと転化させようとしているのである。

追悼儀礼へと至る過程でさまざまな史実の歪曲や隠蔽、被害者の選別／排除が行なわれているにもかかわらず、追悼の局面ではそれが人々の意識に顕在化することはほとんどない。そのような国家によって選別／排除された「史実」に対する再検証とは乖離した、国家による追悼によって死者に報いる方向性やその方向に進むことによって到達するとされるあるべき未来が示される。こうすれば死者は浮かばれ、生者もよりよく生きることができるという〝道〟が国家によって示されるのである。

かくしてかつての加害主体たる国家は、追悼儀礼をつうじて宗教でいうところの預言者さらには救済者のような存在として、被害者やその他の人々に「希望」や「慰め」「安心」さらには「死者の魂の救済への確信」までをも提供するようになる。そして国家という極めて世俗的な似非救済者によって「救済」された人々は、これをエートスとして国家が示した目的やそのための実践を「自発的に」担うようになるのである。すなわち、死者への情念は預言者・救済者としての国家を媒介として政治的エートスへと転化させられるということだ。

しかもそれは、前節で述べたように、国家アイデンティティを再生産する範囲内で機能する。すでに「史実」および「犠牲者」は国家によって選別／排除され、選ばれた「史実」と「犠牲者」は国家によって神聖性が付与されているからである。したがって、預言者・救済者となった国家に対する遺族らの「怒り」や「無念さ」の攻撃性は去勢され、被害者としてその国家そのものを根底から告発し問いなおすような根本的な問いかけが発せられにくくなる。その好例として高論文では「清算」として追悼が行なわれて以来、済州島の運動圏における四・三事件の位置づけが「抵抗」の象徴から「受難」へと変化したことが指摘された。

また、米沢論文では、コルヴィッツの宗教芸術「ピエタ」像をドイツ国家が国立の追悼施設であるノイエ・ヴァッヘに設置することで、国家がこの像とともに個々の人々の「悲しみ」の背後に立ったり、同一化したり、国家がこの像に「委託」して「慰め」や「希望」を提供するようなことが行なわれたが、このような資格は国家には与えられておらず、当の作者のコルヴィッツもそのようなことは想定していないことを指摘する。国家が預言者や救済者としてふるまうことは、許されるものではない。米沢のいうようにあきらかに近現代国家の役割として許容された範囲をはるかに超える行為である。一般に近代国家がある種の宗教性を持つことは第2章拙論で指摘したが、その一形態である国家が行なう追悼はその動力源を死者への情念に求めていることが特徴である。国家が自己を実現するために、死者や死者に対する個々人のさまざまな情念をその動力として利用することは、死者の尊厳や生者の内面の自由に対する重大な人権侵害である。自己の生や死について考えることはプライバシー権に属することがらであり、それに国家が介入することは本来許されない。それを国家が一方的に意味づけて利用する、などということはあってはならない。預言者・救済者である国家によって「救済」され、その忠実な信者にさせられることに私たちが痛みを感じ得ないということは、座談会における菅原龍憲の論にしたがえば、国家が個人の内面を収奪し、従属させられるのに私たちが慣れてしまっている、ということであるといえよう。

国家による追悼の目的が戦争なのか平和なのか、ということばかりに目を奪われるのではなく、国家が預言者や救済者のようにふるまうことを容認するのか、また、それによって私たちの生死に意味づけを行なって従属させることを容認するのか、という点から国家による追悼の問題を考える必要性も本書が提起した重要な論点であろう。根本的な問題は国家による追悼の目的の是非ではなく、いかなる目的が標榜されていようとも加害者である国家がそのような手段によって国家それ自体や国家プロジェクトの正当性を獲得しようとすることが許されるのか、である。

たとえ「平和」を目的としても、死者を利用して個を国家に従属させるような手段によって実現する「平和」とは一体どのような質の「平和」であるのだろうか。

4 追悼の単一性・唯一性を超えて

国立の追悼施設は国家によって多様な個性をもったすべての「犠牲者」を包括して追悼する場として単一性・唯一性を保障され権威を付与された場所である。裏を返せば一つに包括されたあらゆる「犠牲者」を通して一つの〈国家〉が顕現する場であるのだ。

そしてそこには、なんらかのモニュメントが存在する。そのモニュメントを見たり、それに触れたり、拝礼したりすることを通して生者は「史実」や「犠牲者」を想起する。モニュメントとは芸術の一形態であるが、その一種の芸術によってすべての史実や「犠牲者」を表象し人々にそれを想起させるなどということが可能であるのか。また、芸術がそのようなことをすることが許されるのか。追悼施設においてモニュメントの果たす役割の大きさを考えれば、避けて通れない問題であろう。

米沢論文はノイエ・ヴァッヘ内部に設置された「ピエタ」の問題に迫った。「ピエタ」の場合は、そもそもがノイエ・ヴァッへのモニュメントとして創作された作品ではなく、作者であるコルヴィッツもこの時すでに故人であった。しかし、ノイエ・ヴァッヘを統一ドイツの追悼施設にすることを急ぐコール保守政権は野党との合意をあわただしく進め、野党側も「ピエタ」を用いることについては基本的に与党と一致していた。しかし、歴史学者のコゼレックは「ピエタ」をノイエ・ヴァッヘに設置することについて①第一次大戦で戦死した息子を悼んで製作した作品であり、第二次大戦の現実とはかけ離れていること②作品の拡大・展示はコルヴィッツの意思に反する重大な改竄である、という二点から批判した。

このことは、国家が追悼施設を設置するにあたって、そのモニュメントを国家の意思にしたがい自由に選択し、あるいはそれを改竄することがある、ということを示している。作者の意図よりも国家の政治的意図が圧倒的に優位に立って、モニュメントが選択され、製作され、設置されるのである。ここではモニュメントという芸術の一形態は国家に仕える存在でしかない。芸術は国家による追悼において、政治の道具にすぎないものとなり、貶められているのである。

また、一方で芸術作品をもって史実やさまざまな個性をもつ「犠牲者」を表現することの限界も示唆している。「ピエタ」はドイツ軍兵士であった息子を悼む像であり、これをノイエ・ヴァッヘへの中央に設置するということで、ドイツ軍死者を中心とした追悼をイメージすることはできても、これをもってホロコーストの死者を表象するとは到底言えない。コゼレックの批判は第二次大戦の現実とこの「ピエタ」との乖離を問題としているが、同時に、すべての「犠牲者」を芸術作品によって表象することなど可能なのか、という疑問も湧いてくる。あまりにも多様なすべての「史実」や「犠牲者」を表象するなどということは、そもそも芸術にとってあまりに過剰な注文なのかも知れない。ここに、モニュメントが多様な死を共同想起するのに果たしてふさわしいものなのか、という問題がある。

高論文では済州四・三平和公園のモニュメントが歴史的事実や死者を表象するというよりも、大韓民国という国家により公認された「史実」を表象するものであるという点に着目し、加害の史実が刻印されず、追悼の対象をすべて受難的ニュアンスをもつ「犠牲者」として包括するイデオロギーがそのままモニュメントに反映され、一方で「犠牲者」から除外された者の存在がモニュメントにおいて隠蔽されていることを指摘している。モニュメントは国家による「史実」の選別／排除のイデオロギーを反映しつつ、同時にそのイデオロギーを隠蔽して国家公認の「史実」のみを表象し、これを後世に伝える役割をしているのである。そのため、当事者不在の時代には、非体験世代がモニュメントを通じて四・三事件の「史実」に出会うが、それらの人々は同時にモニュメントによって「史実」から排除された歴史的事実から隔離されてしまうのである。国立の追悼施設のもつ単一性・唯一性という性格を考えれば、そのことは深刻な問題であるといえよう。

国家による追悼が「統合」をめざすものであることを第2章で述べたが、このような単一性・唯一性を付与された追悼儀礼・追悼施設を通じた「統合」をいかに乗り越えうるのか、という問いかけが米沢論文、高論文でなされた。両論文で共通して提起されているのは、国家によって空間的に囲い込まれた追悼を脱空間化させることである。高論文で述べられているように、国家によって唯一性を付与された空間は国家のイデオロギーそのものである。したがって、脱空間化するということは、そのまま脱国家イデオロギー化することを意味する。つまり、国家でない主体による、追悼の脱空間化を通じて国家による追悼に対峙してゆこうとする運動論的な試みの提起である。これについては、今後議論が深まることを期待したい。

4 「追悼」ではなく情報公開と補償を——まとめにかえて

この章では、これまでの各章をふまえて、かつて加害主体であった国家による追悼に内在する問題を考えてきた。

本書で提示されたさまざまな国家による追悼の問題のうち、共通していたのは次のような点であった。

①「史実」の選別とそれにもとづく「犠牲者」の選別による歴史的事実や特定の死者グループについての歪曲や隠蔽
②本来多様であるはずの「犠牲者」の並列化による加害責任の曖昧化
③死者への情念を政治的エートスへと転化させる政治性とその媒介としての国家が宗教的救済者のような役割を演じること

以上三点は、かつて加害主体であった（そして、これからも何らかの加害主体となりうる）国家が、人々の、とりわけ被害者や遺族たちの「悲しみ」「怒り」「無念さ」といった情念を選別された「史実」のもとに回収し、その死や被害の意味づけを行なうことで、国家の目的を人々に内面化させるため、国家による追悼には不可欠のプロセスなのである。その結果発動されるポリティクスにおいては、必ずしも過去の国家やその行為を正当化する必要はないのである。なぜなら、それは過去ではなく、現在の国家を正当化できればよいからである。過去を正当化するか、否定するかは、そのようなポリティクスがより効果的に発動するにはどちらがよいのか、という視点から政治的に決定されることがらにすぎない。最も中心的な課題は現在の国家の「暴力行使」の正当化なのだ。

現在の国家の手段としての「暴力行使」を正当化するために死者や死者に対する生者の情念が利用されてよいのか、という点こそが、国家による追悼を根底から問うために考えられなければならない。そして、戦争遂行を目的とするものに限らず、さまざまな目的のために死者や死者への情念が政治的に利用されることは重大な人権侵害である、という問いかけが必要である。国家に個人を内面から従属させ国家が正当性を獲得する、これこそが国家による追悼の本質であるといえよう。

今後、さまざまな形の国家による戦争死者追悼が提起されるであろう。その時、追悼の目的は「平和」か「戦争」か？　過去への認識は？　といった議論が行なわれるであろうが、そこにはこの本質的で根本的な問題への視座が欠落しがちである。

日本の侵略戦争に巻き込まれて殺された中国人乳児は日本人が「平和で豊かな」日本や世界を築く

ために死んだのではない。ただ、日本によって、「皇軍」によって、「殺された」のである。いかなる目的を掲げようと、それを加害者が政治的に利用することなど許されはしないだろう。だから、国家は追悼すべきでない、これが私の考えである。

しかし、一方で日本国家がすべきことがある。それは事実究明にかかわる国家所蔵の大量の未公開資料の全面的公開、そして被害者への補償である。加害主体として本当に過去と向かい合うというならば、まず過去に何があったのかを明らかにする必要がある。だが日本政府は多くの戦争や植民地支配にかかわる資料を所蔵しているのにもかかわらず、その公開に前向きな姿勢は全くといっていいほど示さない。★1 資料を隠蔽したままで、追悼のモニュメントを造り、ありきたりな言葉を繰り返したところで、それが「反省」「謝罪」などといえるだろうか。国家に求めるべきは「追悼」ではなく真相究明のための「情報公開」である。同時に、究明された事実にもとづいて相応の補償を被害者に対して行なっていくことは言うまでもない。

ただし、これらの取り組みに、国家による追悼がオプションとして加わることがあってはならない。韓国の「過去史の清算」においては国家による「慰霊事業」が加わることによって、高論文で指摘されているような問題を抱えてしまい、「清算」の成果が減少ないしは後退してしまっている。国家は「追悼」については民衆による多様なレベルの分散的なものにまかせ、介入すべきではない。だが、公的機関所蔵の資料の公開や補償は国家レベルでしかできないものであるし、国家が早急にすべきことである。

国がすべきことは預言者や救済者に化けて「追悼」することではない。すべきことは他にあるのだ。

【注】

（1）水野直樹「日韓歴史資料の共有化を――歴史認識における「和解」のために」、『世界』二〇〇五年七月号所収、参照。

関連資料

【資料1】

国立追悼施設に反対する宗教者ネットワーク設立宣言

小泉内閣が有事法制整備に奔走している最中、突如政府内部から「靖国に代わる」という「国立追悼施設構想」が提案されました。さらには、宗教者を含む各界の人々によって構成される「新しい国立追悼施設をつくる会」なる民間団体が、政府への対案を提示するという名目で、事実上政府の画策する国立施設を推進・サポートする役割を果たそうとしています。

新たな国立追悼施設は「無宗教」形式をとるといいますが、本質としては靖国と何らかわらないものです。国家による追悼施設の新設は、何者にも介入されてはならない個人の「生き死に」の意味づけを再び国家に委ねてしまうことに他ならないからです。これはまた、国家が「敬意と感謝」をもって「追悼」し、戦死者遺族に国立の「慰霊・追悼の場」を提供することで、「戦死しても国家がきっちり敬意と感謝をもって追悼してくれる」という、欺瞞に満ちた「精神的補償」を与えるものであり、本来、国家がなすべき「謝罪と補償」

といった戦死者とその遺族に対する責任をあいまいにするものです。さらには、有事法制の発動によって想定される、新たな戦争犠牲者の受け皿整備が国立追悼施設構想の主目的であることは、この構想が浮上した政治的経緯や官房長官の私的懇談会の議事要旨を見れば明白です。

これら国立追悼施設の問題性は、世俗権力から自立した信仰に生き、過去の日本の侵略とそれに協力した宗教界の歴史的事実を直視し、非戦平和を自らの願いとしようとする宗教者にとって、見逃すわけにはまいりません。そこで、どのような形態の国立追悼施設の設置にも反対する宗教者が、教団の枠を超えて連帯し、ここに〈国立追悼施設に反対する宗教者ネットワーク〉を設立します。

二〇〇二年十一月九日、京都にて

国立追悼施設に反対する宗教者ネットワーク
設立集会参加者一同

【資料2】

追悼・平和祈念のための記念碑等施設の在り方を考える懇談会報告書

第一　はじめに

本懇談会は、昨年十二月十四日、内閣官房長官から、何人もわだかまりなく戦没者等に追悼の誠を捧げ平和を祈念することのできる記念碑等国の施設の在り方について、国の施設の必要性、種類、名称、設置場所等につき幅広く議論するよう要請を受け、今日までおよそ一年をかけて検討を重ねてきた。本報告書は、その検討結果をまとめたものである。

もとより、本懇談会で検討した事項は、いずれも、国民的な議論を踏まえ、最終的には政府の責任において判断されるべき重要な事柄である。

本懇談会としては、二十一世紀を迎えた今日、国を挙げて追悼・平和祈念を行うための国立の無宗教の恒久的施設が必要であると考えるに至ったが、施設の種類、名称、設置場所等の検討項目については、実際に施設をつくる場合にその詳細を検討すべき事柄であることから意見を取りまとめるのは時期尚早であると考え、将来、施設をつくることとなった場合の議論の参考に資するため、施設の概要を指摘するにとどめることとした。

第二　追悼・平和祈念施設の必要性

なぜ、今、国立の追悼・平和祈念施設を必要とする時期が来たと考えるのであろうか。

日本の戦後に即して言えば、先の大戦の終結を意味する講和・独立から約半世紀、そしていわゆる冷戦終結から約十年がたち、グローバル化の進む中、新たな国際社会形成の動きが見られるようになっている。また、いわゆる九・一一テロに見られるような世界平和への新たな挑戦が生まれている現在、平和についての国民の関心も高まってきている。さらに、近隣諸国等も、国際社会における日本の今後の在り方に注目している。

このように、日本をめぐる内外の環境は大きな変革期の真只中にある。こうして迎えた二十一世紀の初頭であるからこそ、「戦争と平和」にこれまで以上に思いを致し、日本が平和を積極的に求め行動する主体であることを、世界に示す好機と考える。

国内においても、とりわけ戦争も戦後の混乱等も知らない世代が国民の大半になることが予想される今こそ、この若い世代へ向けて、「戦争と平和」に思いを巡らし、「平和国家」日本の担い手としての自覚を改めて促す節目のときに違いない。

要するに、国際社会の中で自ら一人のみで生きる国家という在り方がもはや困難になっている今日、日本は、他国との共生を当然の前提としつつ、追憶と希望のメッセージを国家として内外に示す必要がある。

ではなぜ国家がそのようなメッセージを示すのに施設をつくる必要があるのであろうか。

そもそも国家は多様な機能を持っており、時と場合によって国民に様々な作用を及ぼす。中でも、戦後の日本国家は、国民の生命、財産等に関し基本的人権を戦前の日本国家よりもはるかに明確に保障し、日本国憲法の下で「平和国家」として再生した。したがって、平和こそが日本の追求すべき国益であることが自明の理となった。

にもかかわらず、「戦争と平和」に関する戦前の日本の来し方について、また、戦後の国際的な平和のための諸活動の行く末について、戦後の日本はこれまで国内外に対して必ずしも十分なメッセージを発してこなかった。そこで、日本が、国際的な平和のための諸活動はもとより、国際平和の構築へと積極的な一歩を踏み出そうとしている今日、二十一世紀の日本は国家として平和への誓いを内外へ発信すべきである。

この未来への平和構築への活動を精神的に保障するものとして、当然のことながら、過去の戦争への深い思いが厳然として存在する。

言うまでもなく、明治維新以降日本の係わった対外紛争（戦争・事変）（以下、「戦争」と略称）における死没者は極めて多数に上る。特に、苛烈を極めた先の大戦では、幾多の尊い生命が失われただけでなく、一命をとりとめた者にも、生涯癒すことのできない深い傷跡と後遺症を残し、今なお数多くの人々に深い苦しみと悲しみを与えている。

また、戦後、日本は、日本国憲法に基づき、政府の行為によって再び戦争の惨禍が起こることのないようにすることを決意し、日本と世界の恒久平和を希求するようになったが、その後も日本の平和と独立を守り国の安全を保つための活動や日本の係わる国際平和のための活動における死没者が少数ながら出ている。

私たちは、このような事実を決して忘れてはならず、日本の平和の陰には数多くの尊い命があることを常に心し、日本と世界の平和の実現のためにこれを後世に継承していかなければならない。

先の大戦による悲惨な体験を経て今日に至った日本として、積極的に平和を求めるために行わなければならないことは、まずもって、過去の歴史から学んだ教訓を礎として、これらすべての死没者を追悼し、戦争の惨禍に深く思いを致し、不戦の誓いを新たにした上で平和を祈念することである。

これゆえ、追悼と平和祈念を両者不可分一体のものと考え、そのための象徴的施設を国家として正式につくる意味があるのである。

同時に注意すべきは、日本は、民主主義国家として当然ではあるが、国家として歴史や過去についての解釈を一義的に定めることはしない。むしろ国民による多様な解釈の可能性を保障する責務を持つ。したがって、国民は、一人一人の心の中にある個性豊かな「戦争と平和」の思いを、国が提供する追悼・平和祈念の象徴的施設に赴くことによって、改めて認識し直す契機を持つこととなる。

総じて言えば、この施設において、国民は一人一人、死没者を悼み、戦争の悲惨を思い、平和構築への思いを新たにすることになる。

かくて、何人もわだかまりなくこの施設に赴いて追悼・平和祈念を行うことが、ごく自然の国民感情として可能となると思われる。

第三　追悼・平和祈念施設の基本的性格

この施設は、日本に近代国家が成立した明治維新以降に日本の係わった戦争における死没者、及び戦後は、日本の平和と独立を守り国の安全を保つための活動や日本の係わる国際平和のための活動における死没者を追悼し、戦争の惨禍に思いを致して不戦の誓いを新たにし、日本及び世界の平和を祈念するための国立の無宗教の施設である。

日本と世界の平和を実現したいという日本国民の希望を今こそ国の名において内外に明らかにすべきであると考えた理由は、前述のとおりであるが、ただ平和を祈念するだけでは単なる願望にとどまってしまう。平和祈念は、当然、将来に向かって平和の実現のために努力するという意志を内容とするものでなければならない。そのためには、バランスの取れた安全保障政策並びに様々な国際的な平和構築の活動を行うことによって、国として武力行使の原因となる諸要因を除去することに全力を挙げるという決意を明らかにしなければならない。

このような平和祈念は、日本人としては当然過去に日本が係わった戦争の惨禍に思いを致すところから出発することになろう。その残酷さ、悲惨さは、直接体験した者でなくとも、よく考えれば推察できるところであろう。しかし、その中で最も重要なのは、戦争により掛け替えのない命を失った非常に多くの人のことである。その死の持つ意味の深刻さは、単に本人のみにとどまるものではない。大切な人を失った家族の悲しみ、生活上の困窮などにまで思いを致さなければ、その本当の意味は理解できないであろう。今平和の真只中にある私たちにとっては、そのような事実を直視し、その死を思って胸を痛めること、すなわち追悼することなしには本当の平和の意味も分からないのではないか。これらを踏まえてこそ、不戦の誓いや平和祈念に深さが出てくるのである。

追悼の対象は、国のために戦死した将兵に限られない。空襲はもちろん、戦争に起因する様々な困難によって沢山の民間人が命を失った。これらの中には既存の慰霊施設による慰霊の対象になっていない人も数多い。

さらに、戦争の惨禍に思いを致すという点では、理由のいかんを問わず過去に日本の起こした戦争のために命を失った外国の将兵や民間人も、日本人と区別するいわれはない。戦後について言えば、日本は日本国憲法により不戦の誓いを行っており、日本が戦争することは理論的にはあり得ないから、このような戦後の日本にとって、日本の平和と独立を害したり国際平和の理念に違背する行為をした者の中に死没者が出ても、この施設における追悼対象とならないことは言うまでもない。

この施設における追悼は、それ自体非常に重いものであるが、平和祈念と不可分一体のものであり、それのみが独立した目的ではない上、「死没者を悼み、死没者に思いを巡らせる」という性格のものであって、宗教施設のように対象者を「祀る」、「慰霊する」又は「鎮魂する」という性格のものではない。したがって、前述のような死没者一般がその対象になり得るというにとどまり、それ以上に具体的な個々の人間が追悼の対象に含まれているか否かを問う性格のものではない。祈る人が、例えば亡くなった親族や友人を悼むことを通じて戦争の惨禍に思いを馳せ、不戦の誓いを新たにし、平和を祈る場としての施設を考えているのである。

この施設は、国が設立する施設とすべきであるから、日本国憲法第二〇条第三項及び第八九条のいわゆる政教分離原則に関する規定の趣旨に反することのないよう、宗教性を排除した性質のものでなければならない。これは、何人もわだかまりなく追悼・平和祈念を行うことができるようにする観点からも要請されることである。

しかしながら、施設自体の宗教性を排除することがこの施設を訪れる個々人の宗教感情等まで国として否定するものでないことは言うまでもなく、各自がこの施設で自由な立場から、それぞれ望む形式で追悼・平和祈念を行うことが保障されていなければならない。

第四　追悼・平和祈念施設と既存施設との関係

我が国にはいわゆる戦没者追悼の重要な施設として、靖国神社、千鳥ヶ淵戦没者墓苑がある。本懇談会は、新たな国立の施設はこれら既存の施設と両立でき、決してこれらの施設の存在意義を損なわずに必要な別個な目的を達成し得るものであると考えた。その理由は、以下のとおりである。

靖国神社の社憲前文によれば、靖国神社は、「國事に殉ぜられたる人人を奉斎し、永くその祭祀を斎行して、その「みたま」を奉慰し、その御名を万代に顕彰するため」「創立せられた神社」とされている。これに対し、新たな国立の施設は、前述のような死没者全体を範疇とし、この追悼と戦争の惨禍への思いを基礎として日本や世界の平和を祈るものであり、個々の死没者を奉慰（慰霊）・顕彰するための施設ではなく、両者の趣旨、目的は全く異なる。

また、靖国神社は宗教法人の宗教施設であるのに対し、新たな施設は国立の無宗教の施設である。この性格の違いは、異なった社会的意義を保障するものである。

千鳥ヶ淵戦没者墓苑は、遺族に引き渡すことができない戦没者の遺骨を納めるために国が設けたものであり、ここに提案する新たな国立の施設とは、前同様に趣旨、目的は全く異なる。

第五　追悼・平和祈念施設をつくるとした場合の施設の種類等

施設は大型の建造物ではなく、むしろ住民が気楽に散策できるような明るい公園風のスペースで、かなり大規模な集会ないし式典ができるような広場が在り、その一角に追悼・平和祈念にふさわしい何らかの施設が在ることが望ましい。

できれば都心あるいはその近くに在ることが望ましい。

従来戦争や宗教に係わりのあった場所でないことが望ましい。

名称については、趣旨を明らかにした上で公募したらどうか。

この施設において政府主催の式典を行うかどうか、行うとして、どのような式典をいつ行うのかについては、政府で決定することが望ましい。

参考意見

懇談会の委員であった坂本多加雄氏は、審議途中の本年十月二十九日に逝去され、懇談会の意見取りまとめに参加することができなかった。しかしながら、坂本委員の意見については、懇談会において各委員ともこれを十分踏まえ議論を行ったことを付記したい。

以下、生前、坂本委員が懇談会において表明された意見を掲げる。

まず、坂本委員は、終始一貫、新たな国の施設の必要性について反対する意見を表明されていた。この点を明確にした坂本委員御自身の手になる理念（案）は、次のとおりである。

理念（案）

国の危機に殉じた人々を追悼し、顕彰することは、世界各国の国民に共通する普遍的な徳であり意志である。それ故、各国の政府は、そうした国民的な徳と意志を代表して、その国の伝統的・歴史的な形式に即して、しかるべき追悼の施設において追悼の行事を主催している。日本の場合、靖国神社は宗教法人法上は一民間宗教団体であるが、国民の大多数の意識の上では、まさしくそうした追悼のための公的施設であったし、現にそうである。政府は同神社への首相参拝その他の形で公的な追悼の義務を果たすべきである。（したがって、官房長官の「国内向け」という観点からして、新しい施設建設の必要性・必然性はないと考える）。

国際化の中での新施設の在り方、追悼と平和祈念の関係について、坂本委員が懇談会において表明した発言要旨は、次のとおりである。

〈平成十四年二月二十六日第三回懇談会〉

十九世紀のナショナリズムが現在相対化されているのは事実で、EUの問題とか、ナショナリズムだけでこの国際社会を乗り切る時代ではないことは明らかだが、一般に先進国を含めて戦没者の追悼施設、記念碑について、従来のいわゆる敬意を表する形態自体をこの国際化の時代であるから見直そうという動きが各国で出ていれば、それはついに国際化もここに及んだかということだが、そういうことはないと思う。特に近隣諸国もそうで、韓国、中国でナショナリズムを超えた国際的な観点から戦没者を慰霊するような動きがあるわけではない。

確かに一般論としてはナショナリズムの時代からインターナショナリズムの時代などというのはよく分かるが、戦没者追悼の形態というのは個々の国家の固有のものが多い。そういうときに、戦没者の追悼形式あるいは施設に関して現に新しいすう勢が起きているのかを考えなければならない。日本だけが仮にそういう新しいものを出すということの理由は何か。その場合は、まさに理念の問題を考えなければならない。だから、私は国際化の一般論とこの追悼施設の在り方がというのは必ずしもダイレクトではないと思う。

〈平成十四年四月十一日第四回懇談会〉

いかに平和をつくるかというのにはいろいろな道があって、国民全部が高い国防関心を持っているために、相方も攻めてこられないで平和になったこともあるので、一方的に受動的に平和を祈念して、戦争の犠牲者は気の毒だということだけ思っていれば平和になるというものでもない。だから、平和と追悼と並ぶのはいいが、往々にして今の文脈だと、一方的に「戦争の犠牲者である気の毒な人たちだ、こういう犠牲者を出さないために平和を祈念しましょう」という話になる。そのように受け取られる可能性は高いので、あまりその点では賛成しない。

【資料3】

政府「追悼・平和祈念懇」報告書に対する緊急声明

十二月二十四日、政府の「追悼・平和祈念のための記念碑等施設の在り方を考える懇談会」の報告書が作成、公表されました。

私たち「国立追悼施設に反対する宗教者ネットワーク」はこれまで信仰や教団の枠を超えて協力し、新たな国立追悼施設の設置に反対してまいりました。

その理由は国家によって人間の「生き死に」の意味づけをし、戦争による死を「敬意と感謝」をもって「追悼」、賛美し、戦死者遺族に国立の「慰霊・追悼の場」を提供することで、「戦死しても国家がきっちり敬意と感謝をもって追悼してくれる」という、欺瞞に満ちた「精神的補償」を与えるものであり、本来、国家がなすべき「謝罪と補償」といった戦死者とその遺族に対する責任をあいまいにするものであるからです。さらには、近年の政治状況からみて、有事法制の発動によって想定される、新たな戦争による死者の受け皿整備が国立追悼施設構想の主目的であることは明白であるからです。

このような見地から、本年十一月九日付をもって同「懇談会」へ別紙「抗議・要請文」を提出しました（ここでは掲載を省略する）。

しかしながら、懇談会の報告書には、私たちの指摘する以上のような新しい国立追悼施設の問題性が露骨にあらわれています。

その内容を検討・整理してみますと、以下のようになります。

1、新しい施設は、戦争による死に対して国家が「平和の為に死した」という意味づけをする施設であり、「敬意と感謝」をもってその死を賛美・顕彰する施設である。
2、この施設の一体不離の二つの性格・目的としてあげられる「追悼」と「平和祈念」の内実は、「追悼」とは、戦争による死を「平和の為の犠牲」として「敬意と感謝」をもって賛美・顕彰することであり、また「平和祈念」とはその死の原因となった戦争が「平和の為」のものであることを確認・正当化し、現在・未来にわたり〝武力による平和〟を志向するものである。とくに、今後日本がかかわるであろう戦争について、日本と敵対する側の死者を、今後の日本の武力行使の正当性を根拠に追悼対象から排除していることは、そのことを顕著にあらわしている。すなわち今後の日本の武力行使には間違いなどなく、この武力行使の対象となったものは「死んでも仕方がない」と言わんばかりの発想に立っているのである。これは、武力による国際紛争の解決を国家として放棄した憲法の精神に反するものであり、「国のための死」とその原因となった日本の武力行使を聖化することにほかならない。

3、この施設が検討された背景には、この度のイージス艦派遣に象徴されるように、アメリカ一極支配型多国家連合軍による〝武力による平和〟に日本が積極的に関与しようとして、有事法制整備や自衛隊の海外派兵を行っているといったことがある。追悼施設構想は「有事」やアメリカと一体となって日本が海外で「集団的自衛権」を行使することによる新たな戦死者を想定した、当初から政治的意図をもったものである。

4、この施設はそもその謳い文句であった「靖国神社の代替」であるどころか、靖国神社独自の役割を認め、靖国神社との共存を前提としており、これをもって靖国問題の解決策と呼ぶには程遠いものである。これは、無宗教という形態をとったとしても、国立の新施設が決して靖国神社の対案になりえない証拠である。

5、報告書では現在を若い世代に対して、「平和の為に」戦争する〝「平和国家」の担い手としての自覚を促す節目〟と位置付けている。このように〝武力による平和〟を担う次世代の「国民」育成を施設設置が必要な理由としてあげているが、これは現在すすめられている、「教育基本法」に「愛国心」を明記しようとする動きと関連したものと思われる。若者に戦争で死ぬことを受容させ、今後、日本がかかわる戦争を正当化するというこの施設の性格を露骨に示している。

「日本の平和と繁栄の礎となった戦死者に感謝する」として、国のための死を美化することは、それが特定の宗教性をもたなくても「第二の靖国」としての機能を果たすことになります。

戦時立法といわれる有事法体制が進む中で、新たな戦死者がいよいよ想定される今、「国による死」を求める国家のありようを私たちは根底から問い続け、国家による「追悼」という国民一人ひとりの精神領域への介入をあくまで拒否することを改めてここに声明します。

二〇〇二年十二月二十七日

国立追悼施設に反対する宗教者ネットワーク

【資料4】

自衛隊のイラク派兵に反対する緊急アピール

本日、イラクへの自衛隊派兵を目的とする、「イラク復興支援特別措置法」が自公保三党の賛成により衆議院本会議を通過しました。

私たちは、このような憲法の平和主義に真っ向から反する法律の成立に危惧の念を抱かずにはおれません。

現在、イラクではいまだ戦死者がでており、政府のいう「非戦闘地域」なるものが存在しえないことは、米占領軍司令官の発言などをつうじて、皆の知るところとなっています。

にもかかわらず、政府は「復興支援」などという耳ざわりのよい言葉で粉飾しつつ、前例よりもさらに重武装にして自衛隊をイラクに派兵することを画策しつづけています。

イラクに自衛隊を派兵することは重大な憲法違反であるとともに、米英による国際法と国際世論を無視したイラク攻撃に軍事的に加担することであり、アラブの人々の反発は必至です。そして、今回の派兵は場合によっては日本の国策によって再び「新たな戦死者」を生む危険性を孕んだものです。

私たちは「新たな戦死者」を国家による追悼の対象とするとかしないとかを問題とするのではなく、あくまで「新たな戦死者」を出さない政策を政府に求め、「有事法」など「新たな戦死者」を生むような国策に反対しそれを拒否します。

したがって、私たちは政府が画策しているイラク派兵に反対し、ここにイラク派兵のための法律案を衆議院が本日可決したことに強く抗議します。

そして、参議院議員の諸氏には憲法の平和主義にこめられた精神と、自らの政治家としての責任の重みを認識した上でイラク派兵のための愚かな法案を否決し、衆議院に再審議させ廃案とする行動をとるよう要望します。

以上、緊急にアピールします。

二〇〇三年七月四日

公開シンポジウム「〈国家〉による追悼を問う」参加者一同

＊国立追悼施設に反対する宗教者ネットワーク主催のシンポジウム「〈国家〉による追悼を問う」が

二〇〇三年七月四日、京都で行なわれた。同じ日、衆議院本会議で「イラク特措法案」が賛成多数で通過し、参議院に送られた。これに対し、シンポジウム参加者一同は抗議の意をあらわして、このアピールを採択した。

あとがき

憲法二〇条改悪か国立追悼施設問題に関する本を出版しないか、という声をかけていただいたのが、確か昨年末であったかと思う。かねてから、個別の具体的問題についてだけではなく、これらを包括的に考える視点を提示できればと考えていた私は、しばらく考えた後、本書の企画を提示し、編者として何人かの共通する問題意識をもつ方たちと執筆したいと伝えた。

こうして、本書は座談会に二人、執筆者として二人を迎えて刊行に向けて始動した。

ご多忙のところ、座談会にご参加いただいた菅原龍憲さん、千葉宣義さんのお二人に感謝を申し上げたい。お二人は私にとって尊敬する師、大先輩である。靖国問題について二十代の頃より多くを学ばせていただいた。私のはじめての編著書にご参加いただけたことは、誠に有難いことである。

第3章でドイツのノイエ・ヴァッヘについて多くのことをご教示くださった米沢薫さんに、お礼申し上げたい。米沢さんには、ナチスによるホロコーストでのユダヤ人「犠牲者」のための記念碑建設をめぐる論争について、多数の原資料を翻訳・全文掲載して紹介した著書『記念碑論争』（社会評論社）がある。私も多くのことを同書から学ばせていただいた。読者の皆さんにも、本書とあわせて読まれることをお勧めする。

　第４章で済州島の事例を紹介してくれた高誠晩さんに、お礼申し上げたい。高誠晩さんは済州四・三研究所研究員として多くの被害者の証言に直接ふれてきた。これまで調査等で出会った一人ひとりの被害者に対する想いが伝わる論考であった。そう、被害者はかたまりとしての「犠牲者」などではなく、それぞれが一人の人間なのである。

　本書は国家と追悼に関して最終的な結論に至ったというよりも、問題を提起して歩み始めた、という性格のものである。したがって以上四名のみなさんをはじめ、より多くの方々と今後も議論を継続していければ、と思う。

　同朋大学の菱木政晴さんにはお忙しいところ、貴重なご意見をいただいた。菱木さんと面識ができて十数年になるが、菱木さんとの出会いがなければ編者は本書で取り組もうとしたような問題意識にいたることはなかったであろう。感謝申し上げたい。

　また、国立追悼施設に反対する宗教者ネット主催の集会やシンポジウムで講師・パネラーとして議論の場を共有して下さった石原昌家さん、野田正彰さん、南守夫さん、田中伸尚さん、小武正教さん、天野恵一さん（順不同）に感謝申し上げたい。同時に私たちのネットワークを支えて下さった多くの方々にも感謝申し上げたい。

　つれあいの彩乃には、本書刊行にあたって多くの負担をかけてしまった。その上、本書、特に拙稿について多くのアドバイスをしてくれたことは本当に有難かった。この場を借りてお詫びと感謝の気持ちを伝えたい。
私に書籍の刊行を勧めてくださった社会評論社の新孝一さんは、拙い編者である私をいつも温かく見守り、折に触れて適切なアドバイスをしてくださった。心からのお礼を申し上げたい。

まもなく戦後六十五年目の夏が来る。
政府によって追悼儀礼と「非戦の誓い」が今年も行なわれる。
何のために？　誰のために？　なぜ？
本書がそれを問うきっかけになれば幸いである。

二〇一〇年（日本による韓国併合から一〇〇年）六月末

編者しるす

[執筆者紹介]

山本浄邦〔**邦彦**〕（やまもと・じょうほう〔くにひこ〕）

一九七三年生まれ。龍谷大学文学部真宗学科卒業、佛教大学大学院文学研究科東洋史学専攻修士課程修了。佛教大学前研究員。

国立追悼施設に反対する宗教者ネットワーク及び、憲法二〇条が危ない！　緊急連絡会で事務局長を務める。

専門は、朝鮮近代史、国家と宗教、植民地主義と宗教。

著書に『大谷光瑞とアジア』（共著、勉誠出版、二〇一〇年）、主な論文に「一九二〇年代植民地朝鮮における監獄教誨」（『近代仏教』一六、二〇〇九年）など。

千葉宣義（ちば・のぶよし）

一九三八年生まれ。日本基督教団八幡ぶどうの木教会牧師。

菅原龍憲（すがはら・りゅうけん）

一九四〇年生まれ。現在、真宗遺族会代表、大阪靖国合祀取り消し訴訟原告団長などとして真宗者、遺族の立場から靖国問題に向かい合う。浄土真宗本願寺派正蔵坊前住職。

著書に『世をいとうしるし』（本願寺出版社、二〇〇三年）、『「靖国」という檻からの解放』（永田文昌堂、二〇〇五年）、『合祀取消』（樹花舎、二〇〇七年）などがある。

米沢薫（よねざわ・かおる）

立教大学文学部キリスト教学科卒業、同大学院文学研究科組織神学専攻修士課程修了、同後期課程中退。一九九一年渡独。ベルリン・フンボルト大学で社会学、政治学を学ぶ。元ドイツ学術振興会（ＤＦＧ）研究員。現フンボルト大学日本文化研究センター研究員。著書『記念碑論争』（社会評論社、二〇〇九年）。

高誠晩（コ・ソンマン）

一九七九年生まれ。済州大学校大学院社会学科修士課程修了。現在、京都大学文学研究科社会学専修博士後期課程、日本学術振興会特別研究員ＤＣ２、済州四・三研究所特別研究員。東アジアにおける紛争（占領と民間人虐殺）をめぐる記憶の再編と共同体の再創造をテーマとし、特に紛争経験を持つ島嶼地域である沖縄（沖縄戦）と台湾（二・二八事件）、済州島（四・三事件）を一九四五年前後の紛争発生から現在までを対象として研究している。著書に『身に刻まれた歴史の記憶』（共著、図書出版カク、二〇〇四年、韓国語）、主な論文に「大量虐殺の過去清算における「合意」に関する研究――「済州四・三事件真相究明及び犠牲者名誉回復委員会」の「犠牲者審議・決定」を事例として」（『京都社会学年報』第一七号、二〇〇九年）、「四・三委員会の記念事業において選択されたものと排除されたもの」（『歴史批評』、二〇〇八年、韓国語）など。

国家と追悼——「靖国神社か、国立追悼施設か」を超えて

2010年8月15日　初版第1刷発行

編著者＊山本浄邦
装　幀＊後藤トシノブ
発行人＊松田健二
発行所＊株式会社社会評論社
　　　　東京都文京区本郷2-3-10
　　　　tel.03-3814-3861/fax.03-3818-2808
　　　　http://www.shahyo.com/
印刷・製本＊倉敷印刷

Printed in Japan